Byd Trychinebau

Ned Halley

Addasiad Elin Meek

Cyhoeddwyd gyntaf ym Mhrydain yn 2005 gan Kingfisher Publications Plc., New Pendrel House, 283-288 High Holborn, Llundain WC1V 7H2.
www.kingfisherpub.com

℗ y testun © Kingfisher 2005

℗ y testun Cymraeg © ACCAC 2006

Cedwir pob hawl. Ni chaniateir atgynhyrchu unrhyw ran o'r cyhoeddiad hwn, na'i gadw mewn cyfundrefn adferadwy, na'i drosglwyddo mewn unrhyw ddull na thrwy unrhyw gyfrwng, electronig, electrostatig, tâp magnetig, mecanyddol, ffotogopïo, recordio nac fel arall, heb ganiatâd ymlaen llaw gan y cyhoeddwyr, Gwasg Gomer, Llandysul, Ceredigion, Cymru.

Cyhoeddwyd gyda chymorth
Cynulliad Cenedlaethol Cymru

ISBN 1 84323 633 8

ISBN-13 9781843236337

Cyhoeddwyd yn 2006 gan Wasg Gomer, Llandysul, Ceredigion, SA44 4JL
ar gyfer ACCAC.

www.gomer.co.uk

CYNNWYS

TRYCHINEBAU NATURIOL	4-5
Krakatau	6-7
Vesuvius	8-9
Daeargryn Tokyo	10-11
Tswnami	12-13
Storm rew	14-15
Tornado	16-17
Tân yn y Gwylltir	18-19
Pandemig	20-21
Locustiaid	22-23
Byw ar ymyl y dibyn	24-25

TRYCHINEBAU WEDI'U HACHOSI GAN DDYN	26-27
Newyn	28-29
Chernobyl	30-31
Pont ar dân	32-33
Gwrthdaro ar y rhedfa	34-35
Titanic	36-37
Damwain tancer olew	38-39
Mwrllwch	40-41
Tirlithriad	42-43
Cwymp Wall Street	44-45
TRYCHINEBAU'R DYFODOL	46-47
Mae'r byd yn cynhesu	48-49
Byd o dan y dŵr	50-51
Bygythiad Clefydau	52-53
Planed orlawn	54-55
Daeargryn San Francisco	56-57
Meteoryn!	58-59
Geirfa	60-61
Mynegai	62-63
Cydnabyddiaeth	64

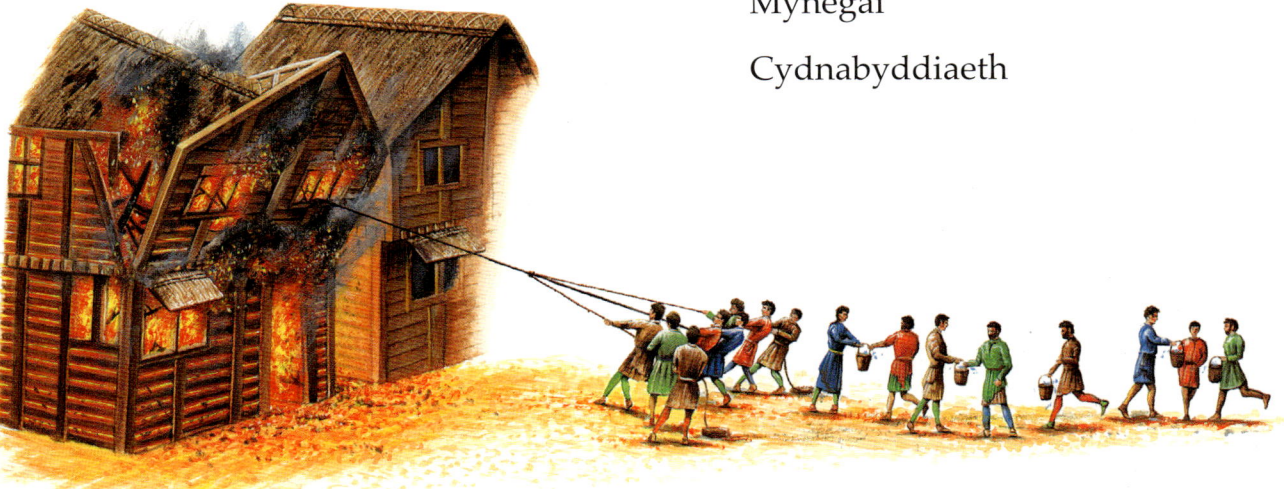

Trychinebau ar draws y byd
Does dim llawer o fannau ar y Ddaear sy'n ddiogel rhag trychinebau naturiol. Mae'r map yma'n dangos lle digwyddodd nifer o'r trychinebau sydd yn yr adran hon. Maen nhw'n amrywio o losgfynyddoedd i blâu o locustiaid, ac o 3,500 blynedd yn ôl hyd heddiw.

▲ **Canada**
Storm iâ, 1998

▲ **Missouri, UDA**
Tornado, 1925

TRYCHINEBAU NATURIOL

Mae'r byd yn lle peryglus. Er i ni geisio'i wneud yn lle diogel, allwn ni ddim rheoli'r tywydd a symudiadau daearegol. Pan fydd tornados neu ddaeargrynfeydd yn taro mannau poblog, gall trychineb ddigwydd.

Ydy trychinebau naturiol yn fwy cyffredin nawr nag oedden nhw yn y gorffennol? O edrych ar y newyddion, mae'n hawdd credu hynny. Ond nid byd natur sy'n newid – ni sydd ar fai. Ers 1900, mae poblogaeth y byd wedi treblu, ac mae'r ardaloedd adeiledig wedi tyfu bum gwaith. Mae llawer o bobl yn byw mewn ardaloedd lle mae trychinebau naturiol yn tueddu i ddigwydd. Heddiw, mae dros hanner poblogaeth y byd yn byw mewn ardaloedd lle mae llifogydd yn berygl o hyd.

Mae pobl yn aml yn anwybyddu peryglon go iawn. Maen nhw'n tyrru i ddinasoedd mawr fel San Francisco a Tokyo – mannau sydd wedi dioddef daeargrynfeydd ofnadwy yn

Ewrop
Pandemig, 1918

Pompeii, yr Eidal
Llosgfynydd, 79OC

Creta
Tsunami, 1500 CC

Tokyo, Japan
Daeargryn, 1923

China
Llifogydd, 1998

Bangladesh
Llifogydd, 1998

Gogledd Affrica
Locustiaid, 1988

Krakatau, Indonesia
Llosgfynydd, 1883

Sydney, Awstralia
Tân yn y Gwylltir 1997

y gorffennol a gallai hyn ddigwydd eto. Mae llawer o bobl yn byw gerllaw llosgfynyddoedd peryglus. Pan ddinistriodd llosgfynydd Vesuvius Pompeii yn 79 OC, lladdwyd tua 2,000 o bobl. Petai'n echdorri eto – ac mae hynny'n bosibl – byddai miliwn o fywydau mewn perygl.

Ond mae'n wir fod gwell gobaith gyda ni i oroesi trychinebau naturiol erbyn heddiw. Gall lloerenni ein helpu i ragweld y tywydd a gall systemau synwyryddion tanddaearol ein rhybuddio am stormydd neu ddigwyddiadau seismig. Ac rydyn ni wedi gwneud llawer i atal y gelyn naturiol anweledig – clefydau. Mae meddyginiaethau modern yn gallu rheoli'r plâu a oedd yn arfer achosi trychinebau. Neu dyna'r gobaith . . .

Krakatau

Echdorrodd llosgfynydd ar ynys Karakatau yn Indonesia ar 27 Awst 1883. Dyma'r ffrwydrad mwyaf ffyrnig erioed – hyd at 10,000 gwaith grym y bom atomig cyntaf. Siglodd y siocdonnau'r blaned i gyd ac aethon nhw o gwmpas y byd saith gwaith. Roedd sŵn y ffrwydrad yn swnio fel gynnau mawr yn rhuo i bobl bron i 3,000 km i ffwrdd. Cwympodd lludw dros y byd i gyd.

Tonnau dinistr

Doedd neb yn byw ar Krakatau, ond lladdwyd 36,380 o bobl ar yr ynysoedd gerllaw. Claddwyd llawer o dan filiynau o dunelli o greigiau a lludw poeth a dasgodd i bobman. Ond lladdwyd y rhan fwyaf yn y 160 pentref a gafodd eu golchi i ffwrdd gan y tonnau enfawr a ddaeth wedi'r ffrwydrad. Llwyddodd rhain i dorri cadwyni llongau wedi eu hangori mewn porthladdoedd yn Chile, ym mhen draw'r byd.

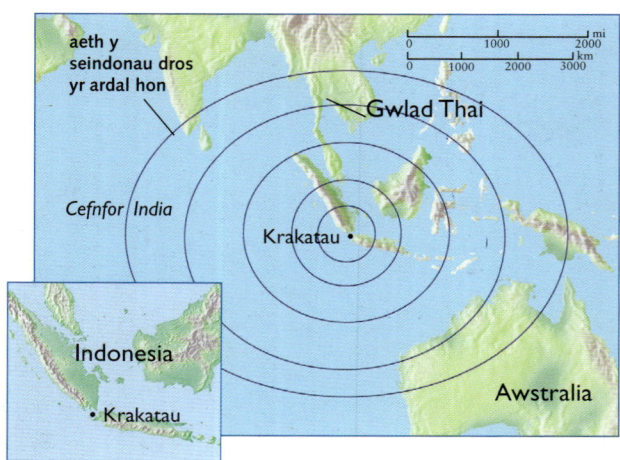

Y ffrwydrad mwyaf erioed
Clywodd pobl dros 1/12 o arwynebedd y Byd y ffrwydrad enfawr. Cymerodd y seindonau ddwy awr neu fwy i gyrraedd Awstralia a Gwlad Thai – a thros bedair i gyrraedd ynys Rodriguez, 4,800km i'r gorllewin.

Tywyllwch am hanner dydd
Mae lludw o echdoriadau mawr yn ffurfio cymylau trwchus sy'n cuddio'r haul. Cafodd y ffotograff hwn ei dynnu ar ôl i fynydd Pinatubo yn Ynysoedd y Philipinas echdorri yn 1991 – am hanner dydd.

Sosban frys
Bu'r llosgfynydd yn echdorri am dri diwrnod. Agorodd y ffrwydradau cyntaf siambr magma'r llosgfynydd i'r môr. Rhuthrodd dŵr i mewn drwy agennau, ac adweithio â'r graig dawdd. Dechreuodd pwysau'r ager godi. Pan ffrwydrodd y cyfan, torrodd y mynydd yn ddarnau, a chafodd creigiau eirias maint tŷ eu taflu allan.

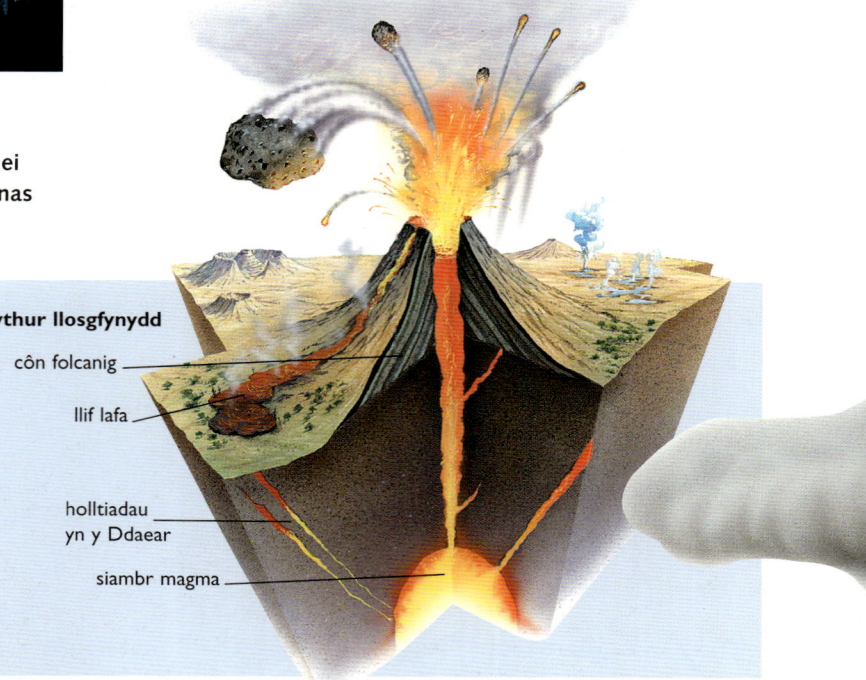

Strwythur llosgfynydd
- côn folcanig
- llif lafa
- holltiadau yn y Ddaear
- siambr magma

Ffrwydrad enfawr
Dyma gerflun y *Statue of Liberty* sy'n 80 metr o uchder, wrth raddfa.

Lludw eirias

Ffrwydrodd yr echdoriad gopa mynydd Vesuvius yn ddarnau mân, gan greu llifau pyroclastig, sef lludw a llwch eirias. Llifodd y cyfan yn arswydus o gyflym – tua 160km/awr – i lawr llethrau'r llosgfynydd, yn syth i dref Pompeii islaw. Cafodd pobl yn y strydoedd eu mogi a'u llosgi i farwolaeth wrth geisio dianc. Cwympodd lludw am ddau ddiwrnod gan orchuddio'r rhai a fu farw a phob adeilad i fyny at ddau lawr o uchder.

Vesuvius

Yn 79OC, roedd dinasyddion Rhufeinig Pompeii'n byw'n fras. Yn ôl y sôn, yr arwr mytholegol Ercwlff (*Hercules*) sefydlodd y dref 500 mlynedd ynghynt. Roedd Pompeii'n enwog am ei chelf a'i hadeiladau hardd, a gwyddai pawb yn yr Eidal am winoedd y gwinllannoedd ar lethrau ffrwythlon Mynydd Vesuvius gerllaw. Ond roedd gan y mynydd gyfrinach gas. Pan echdorrodd Vesuvius ar 24 Awst, cafodd tref Pompeii ei chladdu.

Wedi'i hanghofio am 1,700 mlynedd
Diflannodd Pompeii o dan y lludw ac yn ddiweddarach plannwyd gwinllannoedd yno. Dim ond yn 1763 y dechreuodd pobl gloddio yno. Ers hynny mae'r rhan fwyaf o'r dref wedi dod i'r golwg, a 2,000 o'i dinasyddion, wedi'u rhewi mewn amser. Heddiw, mae Pompeii'n dangos sut roedd y Rhufeiniaid yn arfer byw.

Marwolaeth ci
Pydrodd cyrff yn y lludw, a gadael tyllau cau. Ar ôl llenwi'r tyllau â phlastr, mae cyrff y bobl a'u hanifeiliaid anwes yn dod i'r golwg yn glir.

Newid lle
Yn wreiddiol, cafodd Pompeii ei hadeiladu wrth ymyl y traeth. Erbyn hyn, mae Pompeii 3km o lan y môr oherwydd i'r bae gael ei lenwi gan y graig a'r lludw o Vesuvius. Adeg y Rhufeiniaid, tua 20,000 o bobl oedd yn byw yno, ond erbyn hyn mae miliynau'n byw yng nghysgod y llosgfynydd.

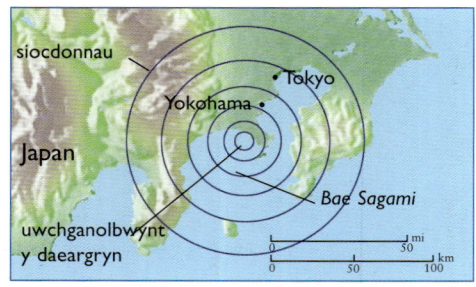

Cwymp sydyn
Ym Mae Sagami roedd uwchganolbwynt y daeargryn. Roedd yn mesur 8.2 ar Raddfa Richter. Cwympodd gwely'r môr 400 metr. Ger Tokyo, cafodd porthladd prysur Yokohama ei ddinistrio bron yn llwyr.

Miliwn o bobl ddigartref
Cwympodd dros 500,000 o gartrefi pren bregus Tokyo neu cawson nhw eu llosgi yn y tanau ffyrnig. Cafodd pibellau dŵr tanddaearol eu torri, felly roedd hi'n amhosibl ymladd y fflamau. Roedd pobl yn cysgu yn yr awyr agored, gan eu bod yn ofni cael eu dal o dan doeon yn cwympo. Disgrifiodd un llygad-dyst yr olygfa fel hyn: "Drwy'r dydd a thrwy'r nos, mae dynion, menywod a phlant yn cerdded drwy'r gwersylloedd a'r parciau'n chwilio am berthnasau sydd ar goll."

Daeargryn Tokyo

Cyn 1 Medi 1923, roedd 2.3 miliwn o bobl yn byw ym mhrifddinas Japan. Y diwrnod hwnnw, cafodd ei tharo gan un o'r daeargrynfeydd gwaethaf erioed. Daeth y brif sioc am hanner dydd, pan oedd teuluoedd yn paratoi cinio. Bwriwyd eu hoffer coginio i'r llawr, gan ddechrau tanau a ledodd yn gyflym drwy'r tai pren agos at ei gilydd. Llosgwyd hanner Tokyo, a bu farw 142,000 o bobl. Symudodd miliwn o bobl ddigartref o'r ddinas. Cyn y daeargryn, Tokyo oedd y bumed ddinas fwyaf yn y byd, ond wedi hynny, hi oedd y ddegfed fwyaf.

Perygl o dan y ddaear

Saif Tokyo ger ffawtlin, sef man lle mae platiau maint cyfandir yn cyfarfod. Mae'r platiau hyn yn ffurfio cramen y ddaear. Wrth wthio yn erbyn ei gilydd, maen nhw'n creu siocdonnau. Ar wyneb y ddaear, mae'r rhain yn achosi dirgryniadau ffyrnig.

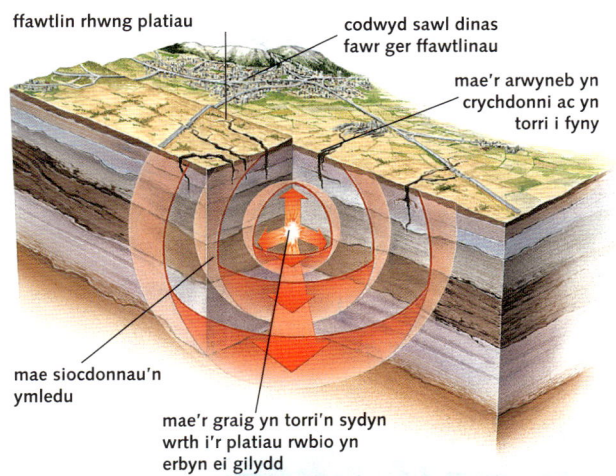

ffawtlin rhwng platiau
codwyd sawl dinas fawr ger ffawtlinau
mae'r arwyneb yn crychdonni ac yn torri i fyny
mae siocdonnau'n ymledu
mae'r graig yn torri'n sydyn wrth i'r platiau rwbio yn erbyn ei gilydd

Perygl o hyd

Hyd yn oed gyda'r dulliau adeiladu diweddaraf, gall dinasoedd ddioddef difrod hyd yn oed heddiw. Pan gafwyd daeargryn yn 1995 yn Kobe, 400km i'r de orllewin o Tokyo, gwnaed $10 biliwn o ddifrod, lladdwyd 5,391 o bobl a gadawyd 310,000 yn ddigartref.

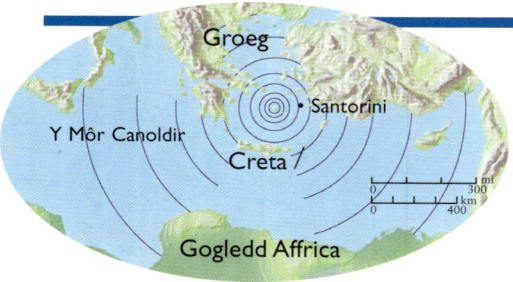

O un arfordir i'r llall

Achosodd echdoriad ar Santorini, 130km i'r gogledd tswnami hefyd. Roedd Creta'n sefyll yn union yn ffordd y tonnau enfawr a lifodd dros arfordir y Môr Canoldir.

Ymerodraeth yn boddi

Roedd y tswnami a darodd ynys Creta ym Môr y Canoldir tua 1500CC yn un o'r trychinebau naturiol gwaethaf erioed. Torrodd y tonnau enfawr 60 metr o uchder dros yr ynys i gyd. Boddwyd y gwareiddiad Minoaidd – yr hynaf a'r cyfoethocaf yn Ewrop. Mae'n debyg mai dyma sail y chwedl am Ddinas Goll Atlantis.

Tswnami

Dychmygwch eich bod ar draeth braf, yn edrych allan i'r môr. Mae rhywbeth o'i le. Mae'r llanw'n mynd allan – ond dydy e ddim yn dod yn ôl i mewn. Daw gwely'r môr i'r golwg yr holl ffordd i'r gorwel. Mae pysgod yn ceisio nofio ar y tywod a llongau'n llonydd. Wedyn daw'r don fawr. Mae'n rhuo'n wyllt ac yn codi fel mynydd mawr, gan dorri ar y lan â grym ffyrnig. Dyna ddigwyddodd ar 26 Rhagfyr 2004 yn Ne Ddwyrain Asia.

Tonnau dinistr
Mae'r gair 'tswnami' yn dod o Japan, lle mae 'tonnau'r harbwr' yn berygl o hyd. Achosodd y tonnau enfawr 10 metr o uchder ddinistr enfawr ar 13 Gorffennaf 1993. Tarodd y tonnau Ynys Okushiri gan ladd dros 200 o bobl.

Tonnau gwyllt y cefnfor
1. Mae daeargrynfeydd ac echdoriadau o dan y môr yn gwneud i wely'r cefnfor godi a disgyn. Felly mae'r môr yn symud yn donnau mawr.

2. Mae'r tonnau, sydd tua 1,000km neu fwy o led, yn gwneud i lefel y môr godi. Yn y môr agored, maen nhw'n teithio'n gynt na bwled o ddryll.

3. Mae'r tswnami'n arafu wrth daro'n erbyn gwely'r môr sy'n codi i'r lan. Mae'r môr yn cael ei sugno o'r lan i'r don, felly mae'n codi'n uchel cyn torri.

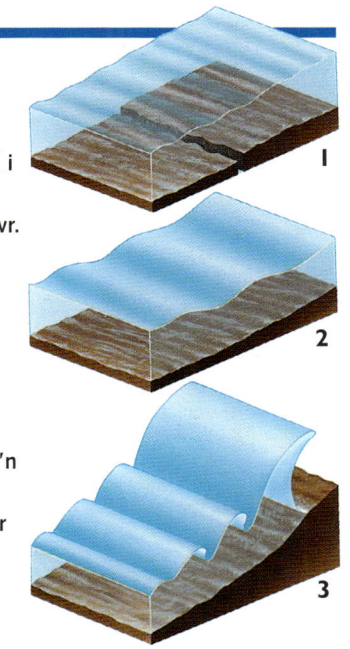

Storm rew

Rhewi'n gorn
Mae glaw rhewllyd yn wahanol i gesair neu law. Bom iâ llawn dŵr yw pob diferyn. Pan fydd yn taro arwyneb oer, mae'n ffrwydro ac yn rhewi'n syth gan wneud haen glir a chaled o rew.

Mae Canada'n gyfarwydd ag oerfel, ond achosodd storm Ionawr 1998 argyfwng cenedlaethol. Oherwydd glaw rhewllyd, cafodd taleithiau fel Quebec ac Ontario eu cloi o dan fantell o rew. Doedd dim gwres na golau, daeth economi'r wlad i stop, ac roedd miliynau o bobl yn gaeth i'w cartrefi rhewllyd. Bu'n rhaid i 11,000 o filwyr helpu i gael y cyflenwad trydan 'nôl. Dyma'r ymgyrch fwyaf erioed yn hanes Canada adeg heddwch.

Gall iâ gasglu ar adenydd awyrennau sy'n hedfan drwy gymylau o law rhewllyd.

Mae'n well aros yn y tŷ i fod yn ddiogel. Ond efallai na fydd gwres na golau trydan os digwydd i'r peilonau gwympo.

Mae glaw rhewllyd yn ffurfio haen o rew ar balmentydd a'u gwneud yn llawer rhy lithrig i gerdded arnyn nhw.

Gall fod yn amhosibl gyrru ar ffyrdd wedi'u gorchuddio gan iâ trwchus.

Mae coed a pheilonau'n cwympo o dan bwysau enfawr yr haenau o rew.

Mae ceir a pheiriannau yn yr awyr agored yn rhewi'n gorn.

Haen drwchus
Mae dŵr sy'n cwympo fel glaw rhewllyd yn troi'n rhew wrth daro rhywbeth. Gall trwch o 10cm ffurfio'n gyflym. Felly mae'n difrodi eiddo a lladd anifeiliaid fferm mewn munudau. Cafwyd colledion o $1.2 biliwn adeg storm rew Canada.

Peryglon marwol y rhew
Dim ond ychydig bobl a rewodd i farwolaeth adeg y storm. Ond lladdwyd llawer mwy gan wenwyn carbon monocsid. Roedden nhw'n ceisio cadw'n gynnes drwy ddefnyddio gwresogyddion cartref wedi'u gwneud o farbiciws mewn tai heb eu hawyru'n iawn. Cafodd rhagor eu lladd wedyn gan bibonwy'n cwympo pan ddechreuodd y tywydd gynhesu.

14

Methu dal y pwysau

Mae haenau o iâ'n gwneud i geblau trydan ymledu dair gwaith eu maint arferol. O ganlyniad maen nhw'n tynnu ar y peilonau dur sy'n eu cynnal. Yn Drummondsville, i'r de o Montreal, cwympodd cyfres o wyth peilon enfawr, gan dorri ar y cyflenwad trydan i 482,000 o gartrefi yn y ddinas. Aeth y storm rew ymlaen am chwe diwrnod, ond bu miliynau o bobl yn rhewi heb drydan mewn tai tywyll a'r tymheredd mor isel â 27°C o dan y rhewbwynt am wythnosau.

Tornado

Cododd y corwynt o gymylau taranau dros dalaith Missouri, UDA, am 1 y prynhawn ar 18 Mawrth 1925. Dros y tair awr nesaf, rhuodd y tornado mwyaf dinistriol erioed drwy ddeg tref. Weithiau roedd y corwynt dros 1km o led ac yn symud yn gynt na char cyflym. Dinistriodd filoedd o gartrefi a lladd 689 o bobl.

malurion yn cael eu taflu i'r awyr gan achosi llawer o niwed

mae selerau i ymguddio ynddyn nhw gan lawer o gartrefi mewn ardaloedd lle mae tornados yn taro'n aml

tai'n ffrwydro'n ddarnau

gall cyflymdra'r gwynt fod dros 100 metr yr eiliad

Storm yn codi

Stormydd taranau ffyrnig yw tornados, sy'n digwydd wrth i awyr gynnes, wlyb gael ei sugno i fyny o'r ddaear i gwrdd ag awyr oerach sy'n symud i lawr. Mae'r ddau lif awyr yn troelli gyda'i gilydd i greu twmffat o awyr yn chwyrlïo'n wyllt i'r ddaear.

Lladdwr didostur

Gall y tornados mwyaf pwerus ddinistrio popeth yn eu llwybr. Maen nhw'n sugno adeiladau, cerbydau a thir hyd yn oed. Cafodd cyrff pobl a gafodd eu dal yn storm 1925 eu taflu 1.5km o lwybr y tornado.

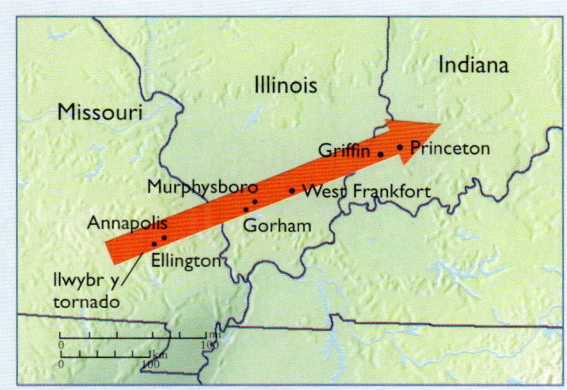

Llwybr y dinistr

Rhuthrodd tornado 1925 am 350km ar draws UDA.

- Ymddangosodd yn Ellington, Missouri am 1 y prynhawn. Cymerodd 15 munud i ddinistrio tref Annapolis gerllaw.
- Teithiodd i'r gogledd ddwyrain ar gyflymdra o 1000km/a. Rhuthrodd drwy dalaith Illinois.
- Yn Murphysboro, lladdwyd 234 o bobl a dinistriwyd 40% o'r dref.
- Gostegodd y tornado am 4.30 y prynhawn, ar ôl taro Princeton, Indiana.

Rhwygo'n ddarnau

Mae adeiladau yn llwybr tornado'n aml yn edrych fel petaen nhw wedi ffrwydro. Mae tornados yn rhwygo adeiladau fel dwy law enfawr yn tynnu'n ffyrnig i ddau gyfeiriad gwahanol.

Tân yn y Gwylltir

Ar 2 Rhagfyr 1997, roedd dinas fwyaf Awstralia'n wynebu trychineb. Yn sydyn, symudodd tanau mewn gwylltir ar dair ochr Sydney i faestrefi'r ddinas, gan ddinistrio dwsinau o dai. Roedd y fflamau'n goleuo awyr y nos wrth i'r gwynt godi. Brwydrodd 5,000 o weithwyr argyfwng yn erbyn llu o wahanol danau. Byddai pethau wedi bod yn llawer gwaeth oni bai am eu gwaith nhw ac am newid sydyn yn y tywydd.

Ymledu fel tân gwyllt

Mae tanau'n dechrau'n rhwydd iawn yng ngwylltir sych Awstralia. Maen nhw'n digwydd yn fwriadol, drwy felltan neu wrth i belydrau'r haul chwyddo drwy wydr potel wedi'i thaflu ar lawr. Gall tanau ymledu ar gyflymdra o 2km *y funud*. Daeth tanau Sydney o fewn 20km i ganol y ddinas. Roedd yr awyr yn dywyll gan fwg a mygdarth, a bu raid i lawer o bobl adael eu cartrefi tan i'r perygl fynd heibio.

Stryd ar dân
Mae dinasoedd Awstralia'n tyfu'n gyflym yn bellach i mewn i'r wlad o'u hamgylch, felly mae mwy o berygl tanau. Llosgodd tân 1997 y rhan fwyaf o'r stryd hon yn Menai, un o faestrefi Sydney.

Ymladd tân â thân
Mae llwybr clir yn rhwystro tân rhag ymledu mewn coetir. Mae'r coed i gyd yn cael eu cwympo ac mae teirw dur yn clirio'r coed i ochr y llwybr nesaf at y fflamau. Mae'r deunydd hyn wedyn yn cael ei gynnau i ledu'r llwybr.

Bomio'r tanau
Mae awyrennau'n ymladd tanau mewn gwylltir a choetir. Gall peilot medrus hedfan yr awyren dros ddŵr agored, gan godi dŵr i danciau arbennig ar gorff yr awyren. Yna mae'r llwyth yn cael ei ryddhau, yn union fel bom, dros y tân islaw.

Pandemig

"Y lladdwr mwyaf yn hanes dynolryw" yw disgrifiad gwyddonwyr o firws ffliw 1918. Mewn chwe mis lladdodd rhwng 20 a 40 miliwn o bobl mewn pandemig – clefyd byd-eang – yna diflannu. Yn wahanol i'r pla du sy'n gallu cael ei reoli gan feddyginiaethau modern, nid felly'r ffliw. Petai firws tebyg yn ymddangos eto gallai fod yn gwbwl drychinebus i ddynolryw.

Masgiau gwael
Yn 1918, doedd pobl ddim yn gwybod sut roedd y ffliw marwol yn ymledu. Roedd miliynau'n gwisgo masgiau gan obeithio na fydden nhw'n dal y ffliw mewn mannau cyhoeddus. Ond doedd y masgiau ddim yn amddiffyn yn erbyn y firws microsgopig.

Effaith y rhyfel
'Ffliw Sbaen' oedd yr enw cyntaf arno er iddo ddechrau yn China. Cyrhaeddodd Ewrop ar longau gorlawn milwyr America, gan ledu fel tân gwyllt a lladd ddwywaith yn fwy o bobl na'r Rhyfel Byd Cyntaf. Ymosodai'n bennaf ar oedolion ifainc a fyddai'n marw o lid ar yr ysgyfaint o fewn oriau.

Achosion anobeithiol
Sefydlwyd ysbytai argyfwng i gadw cleifion ar wahân rhag i'r ffliw ledu. Ond doedd dim triniaeth effeithiol, ac roedd y rhai oedd yn cael niwmonia'n debygol o farw wrth i hylif lenwi'u hysgyfaint. Roedd y gwrthfiotigau sy'n cael eu defnyddio heddiw i ymladd niwmonia heb gael eu darganfod tan 1933. Erbyn dechrau 1919, roedd bron i hanner poblogaeth y byd (1.8 miliwn ar y pryd) wedi'i heintio.

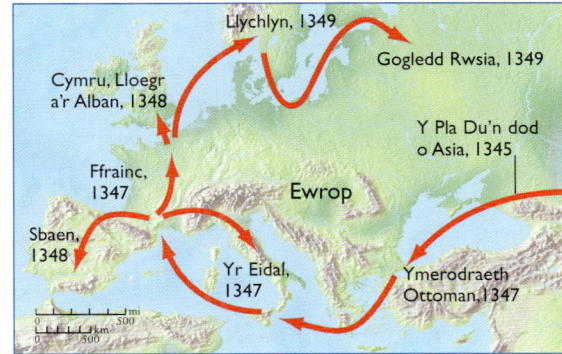

Pla ar gerdded
Lledodd Y Pla Du (1347-52) i Ewrop o'r Dwyrain. Roedd llygod mawr yn ei gario ac roedd llau'n ei drosglwyddo i bobl. Lladdodd y pla tua 25 miliwn o bobl, a chafodd tua thraean o boblogaeth rhai gwledydd eu lladd.

Angau ei hun
Roedd Y Pla Du'n glefyd bacteriol erchyll ac amhosibl ei wella. Daeth ei enw o'r chwyddiadau du, llawn gwaed o dan groen y rhai oedd yn dioddef. Bu farw cymaint o bobl fel bod gweld troliau'n cario pentwr o gyrff yn gyffredin mewn trefi a phentrefi. Roedd llawer o bobl yr Oesoedd Canol yn meddwl mai cosb oddi wrth Dduw oedd y pla. Mae paentiadau o'r cyfnod yn darlunio Angau fel ysgerbwd yn gyrru cert dros gyrff y rhai fu farw, yn dlawd a chyfoethog.

Locustiaid

Mae'r haid yn anferth. Mae'n cuddio'r haul. Mae tua 50 biliwn o bryfed llwglyd ar daith. Mae'r cwmwl du sinistr, 50km o hyd, yn hedfan dros gaeau gwyrdd. Yn sydyn, mae'n troelli a glanio. Funudau'n ddiweddarach, mae miloedd o dunelli o gnydau wedi'u bwyta. Ledled Affrica, yn ystod haf 1988, roedd pobl yn newynu oherwydd hen elyn – pla o locustiaid.

Haid beryglus
Dim ond 5cm o hyd yw locust mudol Affrica. Ond pan fydd yn oedolyn, mae'n gallu hedfan hyd at 5,000km rhwng cylchredau bridio. Bob tro mae'r haid yn bwydo, mae'r benywod yn dodwy cannoedd o wyau, fel bod 100 gwaith yn fwy o locustiaid eto.

1. Roedd haf gwlyb 1987-88 yn Mali a Mauritania'n ddelfrydol i locustiaid fridio.

2. Yn gynnar yn 1988, symudodd yr heidiau i'r gogledd i ddifa cnydau ym Moroco ac Algeria.

3. Erbyn mis Mehefin, roedd yr heidiau wedi bwyta 1m tunnell o gnydau yn Tchad, Niger a Sudan.

4. Yna aeth yr heidiau i'r de ddwyrain i Ethiopia, gan gyrraedd Saudi Arabia yn hydref 1988.

5. Ym mis Hydref, cafodd haid ei chwythu 5,000km ar draws Cefnfor Iwerydd, newn record o 5 niwrnod.

6. Yn 1989, cyrhaeddodd haid o locustiaid India, bron i 10,000km o'r man lle buon nhw'n bridio gyntaf.

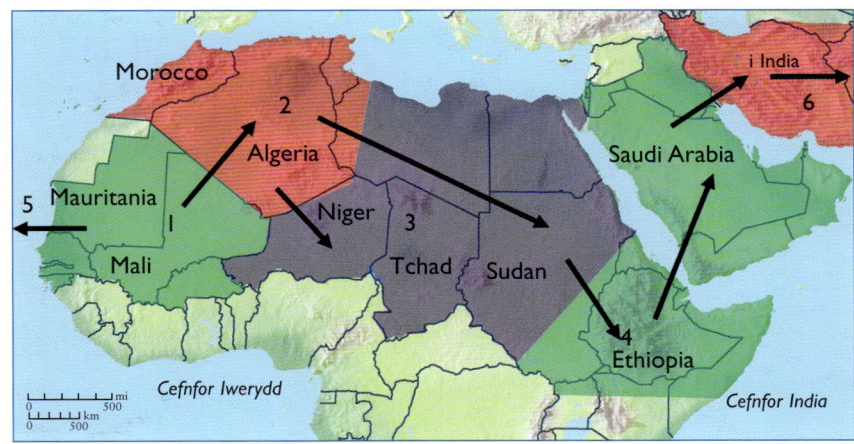

Hanner ffordd o gwmpas y byd
Yn 1988, cafodd Gogledd Affrica gnydau neilltuol o dda o rawnfwyd fel India corn. Ond roedd y tywydd gwlyb yn ddelfrydol i locustiaid hefyd. Cafodd heidiau eu chwythu gan y prifwyntoedd dros y cyfandir i gyd. Hedfanodd rhai ar draws Cefnfor Iwerydd hyd yn oed ac i India.

Yn unig yn yr anialwch
Pan fydd hi'n sych fel arfer yn Affrica, bydd locustiaid yn byw ar eu pennau eu hunain, yn debyg i geiliogod rhedyn arferol. Lliw fel tywod sydd iddyn nhw, mae'n guddliw yn yr anialwch.

Ar daith
Os bydd glaw'n dod, bydd locustiaid yn gwledda ar y tyfiant gwyrdd ac yn bridio'n gyflym. Mae'r rhai ifainc yn troi'n lliwgar er mwyn adnabod ei gilydd. Maen nhw'n tyrru at ei gilydd, ac yn hercian sawl cilometr i fwydo.

Codi i'r awyr
Os bydd y tywydd yn para'n wlyb ac os bydd digon o fwyd, bydd y locustiaid yn datblygu'n oedolion ag adenydd. Maen nhw'n parhau i fridio, a chyn hir bydd yr heidiau mawr cyntaf yn hedfan i chwilio am fwyd.

Poendod parhaus
Dydy plaladdwyr modern ddim wedi llwyddo i atal y locustiaid. Heidiau 1988 oedd y rhai mwyaf difäol ers 30 mlynedd. Aethon nhw dros hanner Affrica, er i'r Cenhedloedd Unedig wario $240 miliwn ar chwistrellu. Y ffordd orau i'w rheoli yw trin locustiaid pan fyddan nhw'n anaeddfed, ac yn hercian ar y llawr. Dim ond awyrennau sy'n gallu chwistrellu'r heidiau ar ôl iddyn nhw ddechrau hedfan.

Taro'n ôl
Am filoedd o flynyddoedd, mae locustiaid wedi bod yn ffynhonnell wych o fwyd i adar, anifeiliaid – a phobl. Mae'r bobl yma ym Moroco wedi casglu cynhaeaf da o locustiaid sy'n barod i'w ffrïo neu eu grilio, a'u bwyta fel corgimwch. Blasus iawn!

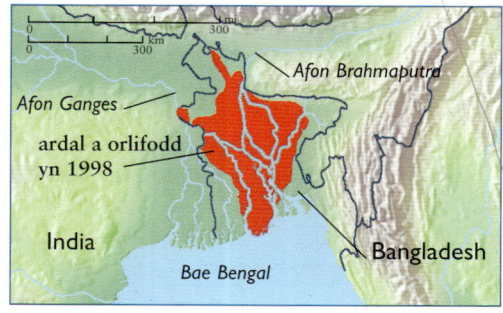

Cenedl o dan ddŵr
Mae poblogaeth Bangladesh wedi codi o 80 miliwn i tua 140 miliwn ers iddyn nhw gael annibyniaeth yn 1971. Mae'r rhan fwyaf o bobl yn byw ar orlifdiroedd a cheg afonydd Ganges a Brahmaputra. Yno mae'r pridd ffrwythlon yn rhoi cynaeafau da, ond mae llifogydd yn gorchuddio hanner y wlad yn gyson.

Byw ar ymyl y dibyn

Mae mwy na hanner poblogaeth y Byd yn byw mewn mannau lle mae llifogydd yn berygl o hyd. Nid yw hyn mor hurt ag y mae'n ei swnio: mae tir sy'n cael ei orlifo'n gyson gan afonydd yn arbennig o ffrwythlon ar gyfer ffermio. Ond gall y pris fod yn uchel iawn. Gorlifdiroedd Afon Ganges yn Bangladesh ac Afon Yangtze yn China yw'r ddwy ardal fwyaf poblog yn y byd. Yn 1998, cafodd dwy ran o dair o Bangladesh eu gorchuddio gan ddŵr a chollodd 10 miliwn o bobl eu cartrefi. Digwyddodd trychineb tebyg i filiynau o bobl yn China pan orlifodd Afon Yangtze.

caiff cloddiau eu codi'n uwch wrth i lefel yr afon godi

mae tir yn cael ei ffurfio gan laid a adawyd gan lifogydd

mae ffermwyr yn elwa ar gynhaeaf y tir cyfoethog

wrth i'r afon ollwng gwaddodion, mae ei gwely'n codi'n uwch na'r wlad o'i chwmpas

Rhodd yr afon

Dros filoedd o flynyddoedd, mae afonydd fel Yangtze yn China wedi creu tir ffermio ffrwythlon. Ar ôl gorlifo, maen nhw'n cilio, gan adael haenau o silt cyfoethog. Mae ffermwyr yn adeiladu cloddiau mawr o bridd i warchod eu caeau rhag llifogydd difrifol. Mae'r cloddiau wedi'u cryfhau gan rwydi hir wedi'u gwehyddu o gnydau lleol a'u llenwi gan gerrig.

Dod i'r adwy

Mae cloddiau wedi amddiffyn tir ffermio China ers canrifoedd. Fel arfer maen nhw'n ddigon cryf i adeiladu heolydd ar eu hyd. Ond bydd trychinebau'n dal i ddigwydd pan fydd lefel y dŵr yn codi'n gyflym. Ar ôl misoedd o law yn 1998, torrodd yr Yangtze drwy'r cloddiau. Ymdrechodd dros 700,000 o achubwyr, gan gynnwys miloedd o filwyr, i achub y cloddiau – ond collodd dros filiwn o bobl eu cartrefi.

Gwledd – ac yna newyn

Mae byw mewn gorlifdir yn anodd. Oherwydd bod y tir yn ffrwythlon, gall ffermwyr fedi dau neu dri chynhaeaf y flwyddyn. Ond adeg trychinebau fel llifogydd Bangladesh yn 1998, mae teuluoedd yn wynebu caledi mawr. Mae eu cartrefi a'u caeau wedi'u gorlifo, gan foddi'r cnydau a gadael haen newydd o fwd ar ôl. Wedyn ceir misoedd o brinder dŵr a meddyginiaethau cyn i'r dŵr gilio eto.

TRYCHINEBAU WEDI'U HACHOSI GAN DDYN

Arfordir Alaska
Damwain tancer olew, 1989

Gogledd Cefnfor Iwerydd
Titanic, 1912

Efrog Newydd, UDA
Cwymp Wall Street, 1929

Mae'r trychinebau rydyn ni'n eu hachosi ein hunain yn digwydd oherwydd camsyniadau gan bobl, diffyg gofal ac anlwc. Weithiau digwydd trychineb oherwydd cyfuniad o'r rhain – er enghraifft, mae stori suddo'r *Titanic* yn dangos gormod o hyder ac anlwc pur. Digwydd trychinebau eraill oherwydd cyfres o gamsyniadau bychain. Digwyddodd y ddamwain awyren ofnadwy yn Tenerife oherwydd bod camsyniad ar ôl camsyniad wedi arwain at drychineb.

Ar y llaw arall, mae'r trychinebau gwaethaf yn digwydd pan fydd rhybuddion clir wedi'u hanwybyddu. Digwyddodd hyn pan benderfynwyd cau'r systemau diogelwch yn atomfa Chernobyl.

Iwerddon
Newyn, 1845

Llundain, Lloegr
Tân ar bont, 1212
Mwrllwch, 1952

Chernobyl, Ukrain
Ffrwydrad niwclear, 1986

Alpau'r Eidal
Tirlithriad, 1963

Tenerife
Damwain awyren, 1977

Trychinebau mae dyn yn gyfrifol amdanynt
Gyda'r dechnoleg fodern, mae'n bosibl adeiladu dinasoedd mawr, trafnidiaeth gyflym a pheiriannau pwerus. Ond mae trychineb yn bosib bob amser os yw pobl yn ddiofal neu os yw eu lwc yn dod i ben. Mae'r map hwn yn dangos rhai o'r trychinebau enwocaf wedi'u creu gan ddyn ac sy'n cael eu trafod yn yr adran hon.

Ond nid colli bywydau sy'n digwydd bob tro gyda thrychinebau wedi'u creu gan ddyn. Laddwyd neb adeg Cwymp Wall Street, ond achosodd ddirwasgiad byd-eang lle collodd degau o filiynau o bobl eu bywoliaeth. Mae trychinebau amgylcheddol yn fwyfwy pwysig, er enghraifft, damwain tancer olew *Exxon Valdez* a Mwrllwch Llundain.

Roedd y peirianwyr yn gwybod bod hyn yn beryglus, ond bu raid iddyn nhw ufuddhau i orchmynion. Y trychineb oedd nad oedd neb yn ddigon dewr i roi gorau i'r arbrawf tan ei bod hi'n rhy hwyr.

Yn anaml y bydd trychinebau mawr fel hyn yn digwydd, diolch byth. Mewn rhai meysydd, mae pethau'n dod yn fwy diogel. Dydy nifer y bobl sy'n cael eu lladd bob blwyddyn mewn damweiniau awyren ddim wedi codi ers y 1950au, er bod un biliwn o deithiau'n digwydd bob blwyddyn.

Newyn

Roedd yn drychineb cenedlaethol. Erbyn y 1840au, roedd hanner pobl Iwerddon yn dibynnu ar un math o fwyd – tatws. Roedd y Gwyddelod yn cael hanner y maeth roedd ei angen arnyn nhw o datws. Dyma'r unig gnwd roedd llawer yn ei blannu. Yna, heb rybudd, daeth clefyd newydd i heintio'r planhigion tatws. Chafwyd dim cynhaeaf am flynyddoedd. Bu farw miliwn o Wyddelod o newyn a salwch.

Cynhaeaf gwael

Roedd y clwyf tatws yn troi'r cnwd yn slwtsh du a drewllyd. Daeth y clwyf, fel y tatws ei hun, o America. Cyrhaeddodd Iwerddon yn haf 1845 a lledodd yn gyflym. Digwyddodd y drychineb oherwydd fod y Gwyddelod wedi dibynnu ar un cnwd yn unig – gallai un dyn blannu digon o blanhigion i fwydo 40 o bobl am flwyddyn.

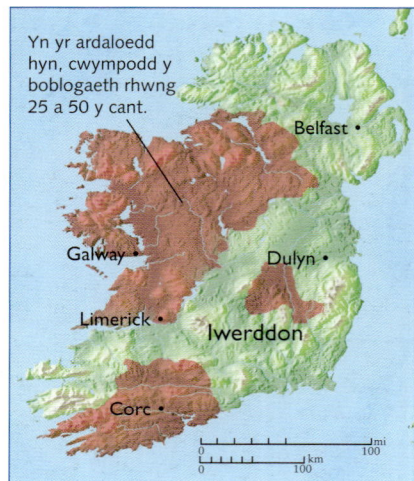

Clwyf y tir

Yn y tair cenhedlaeth rhwng 1785 a 1845, roedd poblogaeth Iwerddon wedi treblu. Cododd o 2.8 i 8.3 miliwn. Pan ddaeth y clwyf tatws, bu farw miliynau ac ymfudodd eraill. Felly cwympodd y boblogaeth. Hyd yn oed ar ôl i'r newyn ddod i ben, roedd rhaid i bobl adael oherwydd tlodi. Heddiw, dim ond pedair miliwn o bobl sy'n byw yn Iwerddon.

Taith beryglus

Ar ôl cael eu gyrru o'r tir, ymfudodd 1.2 miliwn o Wyddelod yn 1847-52, y rhan fwyaf i'r Unol Daleithiau. Roedd y daith hir mewn llongau gorlawn yn un beryglus – byddai 16 o bob 100 teithiwr yn marw ar y môr.

Help oddi uchod

Mae newyn o hyd mewn nifer o wledydd heddiw, yn enwedig yn Affrica. Yno, ceir prinder bwyd oherwydd bod cnydau'n methu ac mae rhyfel neu lygredd yn achosi trychineb. Wedyn, rhaid i asiantaethau rhyngwladol ddod â bwyd argyfwng i mewn drwy bob dull posibl.

Dim cymorth

Roedd Iwerddon yn rhan o Brydain Fawr yr adeg hon. Tirfeddianwyr o Loegr oedd yn berchen y rhan fwyaf o'r tir. Penderfynodd rhai ymateb i'r newyn drwy yrru tenantiaid oddi ar eu tir pan na allen nhw dalu'r rhent. Daeth y fyddin i yrru'r rhai oedd yn gwrthod gadael allan o'u cartrefi. Yn aml, byddai'r tai'n cael eu llosgi i wneud yn siŵr na fydden nhw'n dod 'nôl. Rhoddodd llywodraeth Prydain ychydig gymorth i Iwerddon – ond roedd yn rhy ychydig, ac yn rhy hwyr.

Chernobyl

Ym mis Ebrill 1986, roedd y byd yn dal ei anadl. Roedd lluniau teledu byw o'r Undeb Sofietaidd yn dangos bod ffrwydrad wedi bod yn atomfa Chernobyl. Roedd adweithydd yn llosgi'n ddireol ac yn chwydu tunelli o ddeunyddiau ymbelydrol i'r awyr. Cyfaddefwyd bod 31 wedi eu lladd ond symudwyd 135,000 o bobl o'r ardal. Does neb yn gwybod yn union faint sydd wedi marw ers hynny o salwch ymbelydredd.

Bwrw wraniwm

Yn ystod rhywbeth a ddisgrifiwyd fel 'arbrawf heb ei awdurdodi' gan staff, ffrwydrodd Adweithydd Rhif 4 am 1.23 y bore ar 26 Ebrill. Glaniodd darnau eirias o danwydd ymbelydrol dros yr atomfa i gyd, gan ddechrau tanau ar bwys adweithyddion eraill. Mentrodd dynion tân lleol eu bywydau i fynd i mewn i'r ardal a diffodd y fflamau.

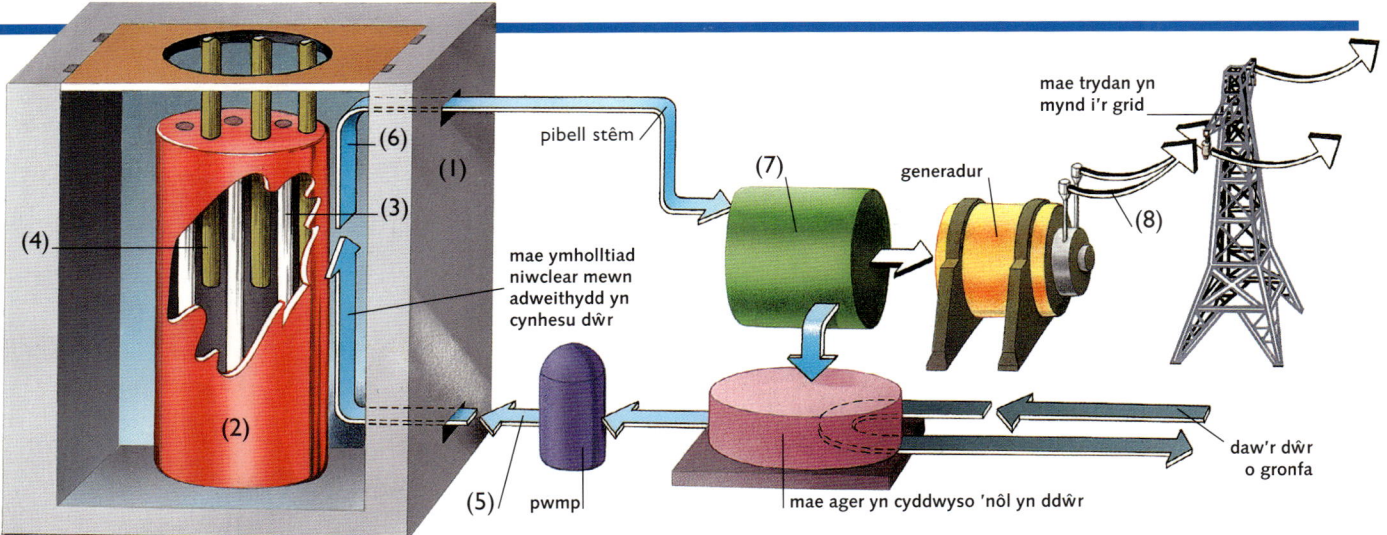

Sut mae adweithydd yn gweithio

Mae adweithyddion niwclear yn dal ynni gwres wedi'i gynhyrchu drwy hollti atomau wraniwm (ymholltiad). Mae'r gwres yn cael ei ddefnyddio i gynhyrchu trydan. Mewn dysgl concrit (1), mae craidd yr adweithydd (2) yn dal rhodenni tanwydd wraniwm (3) a rhodenni rheoli (4) sy'n cael eu codi a'u gostwng i reoli cyflymdra'r ymholltiad.

Er mwyn oeri'r adweithydd, caiff dŵr oer ei bwmpio i mewn (5), ac mae gwres yr adweithydd yn troi'r dŵr yn ager (6). Mae'r ager yn troi tyrbin (7) i gynhyrchu trydan (8). Yn Chernobyl, torrwyd yr ager i ffwrdd i weld a fyddai'r tyrbin yn rhedeg ar ei ben ei hun. Ond arafodd ar unwaith, a lleihau'r pŵer i'r pympiau dŵr oedd yn oeri'r adweithydd. Felly gordwymodd hwnnw'n ffyrnig.

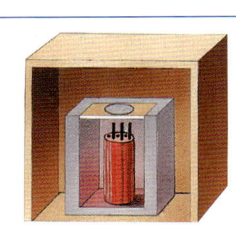

Dirgryniadau drwg

Mewn eiliadau, roedd gwres yr adweithydd wedi cyrraedd lefelau peryglus. Ond roedd ei system oeri awtomatig wedi'i gau ac roedd y rhodenni rheoli wedi'u codi i gael rhagor o bŵer. Oherwydd dirgryniadau cryf roedd hi'n amhosibl gostwng y rhodenni i oeri'r adweithydd.

Grym adweithio

Wrth i'r tymheredd godi, dechreuodd y rhodenni tanwydd doddi. Dyma wraniwm yn gollwng i'r dŵr oedd yn oeri'r adweithydd, gan greu ager a nwyon o dan bwysau uchel. Ffrwydrodd y rhain, gan chwythu'r to 2,000 tunnell oddi ar yr adweithydd ac allan drwy'r prif adeilad. Dilynodd yr ail ffrwydrad wrth i'r awyr y tu allan ddod i gysylltiad â chraidd yr adweithydd.

Llosgi'n araf

Llosgodd y craidd am bythefnos, gan chwydu tunelli o ludw a llwch ymbelydrol i'r awyr y tu allan.

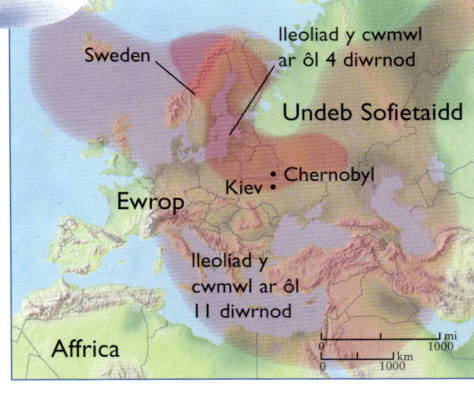

Cwmwl marwol

Daeth yr alldafliad cyntaf i'r golwg yn Sweden ar 28 Ebrill. Cariodd gwyntoedd a glaw'r cwmwl llwch dros Ewrop, gan lygru cynnyrch fferm am flynyddoedd hyd yn oed yng Nghymru. Yn y pen draw, claddwyd adweithydd Chernobyl o dan 5,000 tunnell o glai a thywod, a'i selio mewn câs concrit.

Glanhau

Cwympodd trwch o lwch ymbelydrol ar drefi gerllaw. Yn Kiev, 120km i ffwrdd, bu'n rhaid golchi'r strydoedd. Yn Chernobyl, cafodd coed eu cwympo, ond doedd dim modd eu llosgi rhag ofn i'r mwg gario'r gwenwyn yn ôl i'r awyr. Felly, claddwyd popeth, gan gynnwys yr uwchbridd, mewn pydewau concrit dwfn.

Pont ar dân

Ar ddiwrnod gwyntog ym mis Gorffennaf 1212, dechreuodd tanau ar ddwy ochr Pont Llundain. Ysgubodd y fflamau drwy'r adeiladau to gwellt. Doedd dim lle i'r bobl oedd yn croesi'r bont ar hyd y stryd gul i ddianc. Cafodd tua 3,000 o bobl eu llosgi neu'u gwasgu i farwolaeth, neu boddon nhw yn yr Afon Tafwys islaw. Lledodd y tân, a llosgwyd y rhan fwyaf o'r ddinas mewn trychineb llawer gwaeth na 'Thân Mawr' Llundain yn 1666. Dim ond chwech o bobl a laddwyd y pryd hwnnw.

Ymladd tanau
Mae dynion tân yn gallu rheoli tanau difrifol iawn heddiw. Ond nid tan y bedwaredd ganrif ar bymtheg y cafodd brigadau tân eu sefydlu. Erbyn hynny, roedd tân wedi creu dinistr mawr o leiaf unwaith mewn nifer o ddinasoedd y byd, gan gynnwys Efrog Newydd, Rhufain a Moskva.

Tynnu tai i lawr
Yn y Canol Oesoedd, doedd dim pibellau dŵr, felly roedd rhaid cario dŵr mewn bwcedi. Roedd timau o ddynion yn tynnu rhai tai pren i lawr gan ddefnyddio bachau'n sownd wrth bolion a chadwynau, er mwyn creu bwlch mawr i rwystro'r fflamau rhag ymledu.

Mesurau diogelwch
Ar ôl trychineb 1212, cyflwynodd Llundain gyfreithiau atal tân am y tro cyntaf. Doedd dim hawl codi tai â tho gwellt a brwyn fyddai'n llosgi'n hawdd. Roedd rhaid cael teils cerrig. Hefyd roedd rhaid i bob ardal gael set o fachau i dynnu adeiladau i lawr mewn argyfwng.

Pontio'r canrifoedd
Cafodd Pont Llundain ei chodi yn y 1170au. Roedd hi'n 300 metr o hyd ac roedd cannoedd o deuluoedd yn byw arni. Roedd hi'n stryd siopa ac roedd trafnidiaeth yn teithio drwyddi. Roedd pont godi a phorthdy ar bob pen, a chapel yn y canol. Cafodd y tai i gyd eu dinistrio yn 1212, ond arhosodd y colofnau cerrig. Felly bu pobl yn croesi'r bont am 600 mlynedd arall.

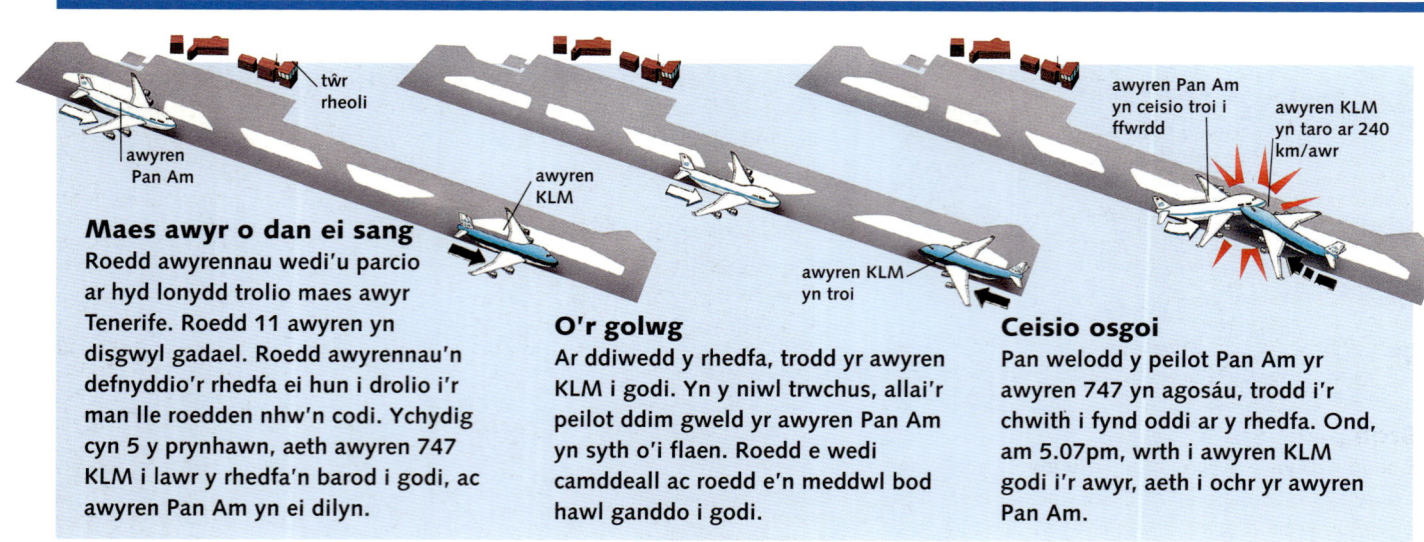

Maes awyr o dan ei sang
Roedd awyrennau wedi'u parcio ar hyd lonydd trolio maes awyr Tenerife. Roedd 11 awyren yn disgwyl gadael. Roedd awyrennau'n defnyddio'r rhedfa ei hun i drolio i'r man lle roedden nhw'n codi. Ychydig cyn 5 y prynhawn, aeth awyren 747 KLM i lawr y rhedfa'n barod i godi, ac awyren Pan Am yn ei dilyn.

O'r golwg
Ar ddiwedd y rhedfa, trodd yr awyren KLM i godi. Yn y niwl trwchus, allai'r peilot ddim gweld yr awyren Pan Am yn syth o'i flaen. Roedd e wedi camddeall ac roedd e'n meddwl bod hawl ganddo i godi.

Ceisio osgoi
Pan welodd y peilot Pan Am yr awyren 747 yn agosáu, trodd i'r chwith i fynd oddi ar y rhedfa. Ond, am 5.07pm, wrth i awyren KLM godi i'r awyr, aeth i ochr yr awyren Pan Am.

Gwrthdaro ar y rhedfa

Ar y ddaear y digwyddodd un o drychinebau awyr gwaethaf y byd. Ar 27 Mawrth 1977, yng nghanol niwl trwchus, roedd maes awyr ar ynys Tenerife'n brysur iawn. Roedd awyrennau'n cyrraedd yno gan fod bom wedi ffrwydro ar ynys Las Palmas. Bu camddeall mawr rhwng y tŵr rheoli a chriwiau dwy awyren – awyren KLM o'r Iseldiroedd ac awyren Pan Am o UDA. Tarodd y ddwy awyren yn erbyn ei gilydd ar y rhedfa, a lladd 583 o bobl.

Hedfan yn ddall

Yn ôl peilot yr awyren Pan Am: "Roedd golau i'w weld o'n blaenau ni yn y niwl. I ddechrau ro'n ni'n meddwl mai awyren KLM oedd yno'n sefyll ar ddiwedd y rhedfa. Yna dyma ni'n sylweddoli eu bod nhw'n dod tuag aton ni." Newydd godi i'r awyr roedd yr awyren KLM pan wrthdarodd hi ag awyren Pan Am. Wedyn, syrthiodd i'r ddaear, a ffrwydro.

Bron pawb yn marw
Doedd neb yn y tŵr rheoli'n gallu gweld yr awyren KLM. Llosgodd yn llwyr, a lladdwyd y 248 o bobl ar ei bwrdd. Yr unig rai a lwyddodd i ddod allan yn fyw oedd y rhai lwyddodd i ddianc o'r awyren Pan Am cyn iddi hi hefyd ddechrau llosgi. Bu farw pob un ond 51 o'r 634 o bobl oedd ar y ddwy awyren.

Camddeall trychinebus
Efallai i beilot KLM gamddeall neges radio bwysig o'r tŵr rheoli. Chafodd e ddim caniatâd i godi. Efallai bod sŵn ar y radio wedi gwneud iddo gamddeall cyfarwyddyd y rheolwyr yn y tŵr: "OK. Stand-by for take-off", fel "OK ... for take-off". Doedd dim radar ar y ddaear (fel sydd mewn pob maes awyr nawr), felly allai neb yn y tŵr rheoli 'weld' bod y ddwy awyren yn mynd i daro'i gilydd.

Titanic

Ddylai hyn byth fod wedi digwydd. Ar noson 14 Ebrill 1912, roedd capten llong foethus fwyaf y byd yn gwybod ei fod mewn ardal beryglus. Er derbyn rhybudd bod mynyddoedd iâ gerllaw, roedd *Titanic* yn teithio'n gyflym iawn. Am 11.40pm, aeth y llong 46,000 tunnell yn syth i mewn i fynydd iâ. Plygodd platiau corff y llong, a llifodd dŵr i mewn. Mewn llai na thair awr, roedd hi wedi suddo, a dros 1,500 o bobl ynddi.

Taro'r mynydd iâ
Roedd hi'n noson lonydd a chlir. Ond, o bell, roedd y mynydd iâ enfawr yn edrych yn debyg i'r môr. Pan ddaeth y perygl i'r golwg, aeth y gwylwyr yn y nyth cigfran ati i ganu'r gloch i rybuddio pawb. Ffonion nhw bont y capten, "Mynydd iâ, i'r dde o'n blaenau ni! Ond roedd hi'n rhy hwyr.

Cyn suddo

Roedd y goleuadau'n dal i ddisgleirio pan gododd rhan gefn y llong i'r awyr. Torrodd yn ei hanner. Roedd hi'n 2 y bore, dim ond 75 munud ar ôl i'r cwch achub cyntaf gael ei ostwng i'r môr yn hanner gwag. Roedd llawer o deithwyr wedi gwrthod credu y gallai'r llong suddo. Â'r cychod i gyd wedi mynd, roedd dros 1,000 o bobl yn dal ar y llong. "Heidiai grwpiau at ei gilydd, fel gwenyn," meddai un o'r bobl yn y cychod achub, "cyn cwympo i'r awyr, wrth i ran fawr o'r llong godi i'r awyr.

Llenwodd y pum adran flaen â dŵr yn gyflym.

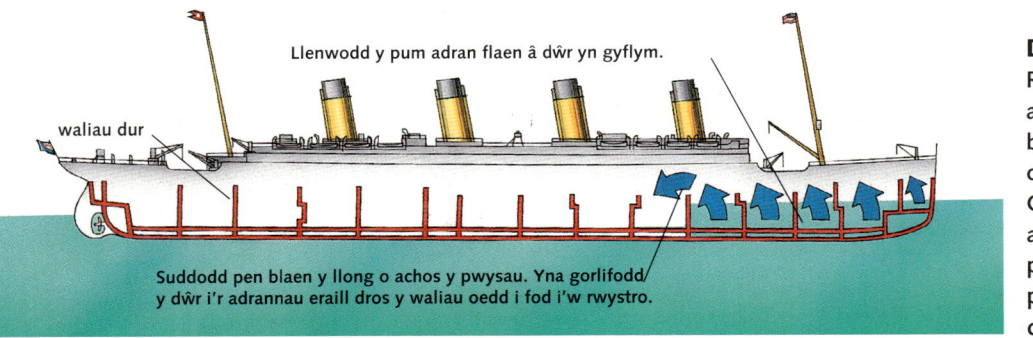

waliau dur

Suddodd pen blaen y llong o achos y pwysau. Yna gorlifodd y dŵr i'r adrannau eraill dros y waliau oedd i fod i'w rwystro.

Dim gobaith atal y difrod

Roedd *Titanic* wedi'i rhannu'n adrannau o dan y dec. Os byddai twll yn y llong, dim ond un adran fyddai'n gorlifo. Ond torrodd y mynydd iâ bum adran ar unwaith. Suddodd pen blaen y llong o achos pwysau'r dŵr, a gorlifodd corff y llong yn gyflym.

Gwastraffu bywydau

Roedd y cwch achub olaf i gael ei lansio bron yn llawn. Cafodd y ffotograff hwn ohono ei dynnu o'r llong gyntaf ddaeth i achub pobl, Caparthia. Ond yn y dryswch, roedd llawer o fadau achub wedi bod yn hanner gwag. Felly collodd tua 500 o bobl eu bywydau'n ofer. O'r 2,223 o bobl ar Titanic, dim ond 492 o deithwyr a 214 o'r criw a ddihangodd yn fyw.

Damwain tancer olew

"Mae'n debyg ein bod ni'n gollwng olew." Dyna neges capten y tancer enfawr *Exxon Valdez*. Roedd ei long 200,000 tunnell wedi taro creigiau rai oriau ar ôl cymryd llwyth llawn o olew yn Swnt Prince William, Alaska, UDA. Dydd Gwener y Groglith, 24 Mawrth 1989 oedd hi. Erbyn dydd Llun y Pasg, roedd 10 miliwn galwyn o olew crai wedi arllwys i'r môr. Dyma un o'r trychinebau amgylcheddol gwaethaf erioed.

Atal yr olew rhag ymledu
Mae olew'n ysgafnach na dŵr ac mae'n arnofio ar yr wyneb. Felly defnyddir tiwbiau wedi'u chwythu i fyny – 'booms' – i atal yr olew rhag ymledu. Mae'r 'boom' yn cael ei ddirwyn o long i ddal yr olew mewn dolen. Wedyn mae'r olew'n gallu cael ei bwmpio o wyneb y dŵr i danceri.

Camgymeriad y criw
Un camgymeriad achosodd trychineb yr *Exxon Valdez*. Ar ôl gadael porthladd Valdez, newidiodd y criw lwybr y llong i osgoi iâ oedd yn arnofio. Ond, methon nhw fynd yn ôl i'r llwybr gwreiddiol ac aeth y llong yn erbyn creigiau. Roedd y capten yn cysgu ar y pryd. Daeth i'r amlwg wedyn iddo fod yn yfed alcohol a'i fod e wedi gofyn i rywun heb ddigon o brofiad lywio'r llong.

Llygredd difrifol
Cariodd y llanw'r olew dros 2,500km o arfordir de Alaska. Roedd hi'n ardal hynod o hardd. Aeth amser heibio cyn i'r gwaith glanhau ddechrau oherwydd bod cwmnïau a swyddogion yn dadlau am bwy ddylai dalu.

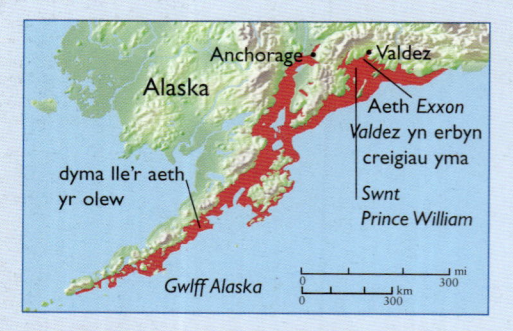

Roedd y gost i fywyd gwyllt yr ardal yn uchel. Ddeng mlynedd ar ôl y ddamwain, roedd niferoedd rhai rhywogaethau'n dal yn isel.

Diflannodd llawer o forfilod ffyrnig ar ôl y trychineb.

Lladdwyd cannoedd o fulfrain. Mae'r niferoedd yn dal yn isel heddiw.

Cafodd cregyn gleision eu llygru gan yr olew. Maen nhw'n fwyd pwysig i adar a dyfrgwn.

Roedd niferoedd dyfrgwn môr prin wedi bod yn codi, ond lladdwyd miloedd gan yr olew.

Roedd rhaid atal pysgota eogiaid rhag i'r pysgod llygredig gyrraedd y siopau.

Cafodd gwymon cyffredin ei effeithio'n fawr. Mae'n bwysig iawn i ecosystemau'r arfordir i gyd.

Dwylo dros y môr
Heidiodd gwirfoddolwyr i Alaska i helpu gyda'r dasg enfawr o lanhau'r olew oddi ar yr adar a'r anifeiliaid. Digwyddodd hyn ar ôl dadlau mawr am bwy ddylai dalu am y gwaith glanhau. Cytunodd cwmnïau a pherchnogion llongau'r byd ar Egwyddorion Valdez, felly nhw fydd yn cymryd cyfrifoldeb am ddamweiniau tanceri olew yn y dyfodol.

Traethau du

Costiodd y gwaith glanhau ar ôl damwain *Exxon Valdez* £12.5 biliwn. Cymerodd y dasg flynyddoedd i'w chwblhau. Ar y lan, roedd rhai timau'n defnyddio pibau dŵr dan bwysau i symud yr olew. Roedd rhai'n ei godi mewn rhawiau o'r traethau a'i gario i ffwrdd mewn bwcedi. Ond mae olew fel glud, yn glynu wrth bopeth, yn enwedig ffwr a phlu. Yn Alaska, lladdwyd o leiaf 580,000 o adar y môr a 5,500 o ddyfrgwn yn y môr a'r afonydd. Cafodd ardaloedd magu nifer fawr o forloi, morlewod, pysgod ac adar eu llygru. Mae ymchwil i effaith tymor hir ar fywyd gwyllt unigryw a gwerthfawr Alaska'n dal i fynd yn ei flaen heddiw.

Mwrllwch

Cymysgedd o fwg a niwl yw mwrllwch, llygredd a niwl naturiol sy'n codi dros ddinasoedd. Gall fod yn farwol. Yn Llundain, dinas fwyaf y byd ar y pryd, lladdwyd 4,000 o bobl gan Fwrllwch Mawr 1952 mewn pedwar diwrnod. Bu farw dwywaith cymaint yn ddiweddarach. Ar ôl blynyddoedd o anwybyddu'r broblem, bu'n rhaid i'r llywodraeth gyflwyno cyfreithiau awyr lân. Er bod gwersi wedi'u dysgu, mae mwrllwch yn dal yn berygl difrifol mewn dinasoedd ledled y byd heddiw.

Mwg brwnt yn codi
Hanner can mlynedd yn ôl, roedd gwledydd y Gorllewin yn dibynnu ar danau glo a gorsafoedd pŵer yn llosgi glo. Roedd mwg budr yn codi ohonyn nhw. Mae llawer o danwydd yn lanach nawr, ond mae rhagor o losgi'n digwydd ledled y byd. Felly mae llygredd yn dal i ddigwydd.

Sut digwyddodd y Mwrllwch

haen o awyr gynnes heb fod yn symud

haen o awyr oer

1. Niwl llygredig yn dechrau ffurfio
2. Mae awyr oer wedi'i llygru'n cael ei dal gan yr haen o awyr gynnes.
3. Mae'r llygredd yn methu dianc ac mae'n ymgasglu'n agos i'r ddaear.

Awyr oer mewn trap
Mae Llundain mewn basn isel ar lan Afon Tafwys. Felly mae llawer o niwl yn digwydd yno wrth i awyr gynnes gyddwyso dros dir oer. Ar 4 Rhagfyr 1952, digwyddodd 'gwrthdroad tymheredd'. Cafodd yr awyr oer afiach ei dal o dan haen statig o awyr gynnes. Doedd dim gwynt i'w symud, felly arhosodd y mwrllwch gwenwynig tan 9 Rhagfyr cyn dechrau clirio o'r diwedd.

Awyr aflan
Mae pobl sy'n byw mewn dinasoedd yn y Dwyrain Pell yn aml yn gwisgo masgiau rhag llygredd. Ym mhrifddinas Malasyia, Kuala Lumpur, mae mwg o danau fforestydd wedi cymysgu â mwg o geir a diwydiant. Felly mae'r awyr mor beryglus fel bod gan yr heddlu fasgiau. Yn UDA, mae lefelau peryglus o uchel o lygredd mewn dinasoedd fel Los Angeles – 400 gwaith yn uwch na'r lefel yn Neddf Awyr Lân UDA.

Methu gweld dim

Ar adegau yn ystod y Mwrllwch Mawr, roedd hi'n anodd gweld yn bellach nag un metr yn Llundain. Roedd rhaid i dywyswyr â ffaglau arwain bysiau, ambiwlansys ac injans tân. Aeth rhai pobl ar goll ychydig fetrau o'u cartrefi. Roedd yr awyr yn llawn carbon a sylffwr deuocsid ffiaidd ac roedd yn felynwyrdd, felly roedd pobl Llundain yn ei alw'n 'pea-souper'. Roedd y mwrllwch ddeg gwaith yn drymach nag awyr gyffredin. Felly roedd yn farwol i bobl â phroblemau â'r galon neu'r ysgyfaint.

Tirlithriad

Cronfa Vaiont, mewn ceunant dwfn yn Alpau'r Eidal, oedd yr ail uchaf yn y byd – a'r fwyaf peryglus. Roedd creigiau'n aml yn cwympo yn yr ardal ac roedd arbenigwyr yn rhybuddio y gallai'r gronfa ddŵr wneud i ochrau'r mynydd chwalu. Ond aeth y prosiect yn ei flaen. Ar 9 Hydref 1963, digwyddodd y trychineb. Cwympodd tirlithriad enfawr i lyn y gronfa. Gorlifodd miliynau o dunnelli o ddŵr dros wal y gronfa a llifo i'r dyffryn islaw lle roedd llawer o bobl yn byw.

Fel daeargryn

Pan ddigwyddodd y tirlithriad a darodd yn erbyn gwely'r gronfa ddŵr, cafodd yr ergyd ei theimlo dros Ewrop. Achosodd symudiad y mynyddoedd ruthr mawr o awyr. Cododd y toeon oddi ar y tai am filltiroedd a chwythodd ffenestri a drysau allan. Thorrodd wal y gronfa ddim, ond roedd y don a orlifodd drosti yn 70 metr o uchder. Ysgubodd y don bopeth o'i blaen, a lladdwyd dros 2,000 o bobl.

Dinistriodd y don yr holl ffyrdd a'r adeiladau ar hyd afon Piave.

Bu farw dros 2,000 o bobl yn Longarone.

Aeth y don dros ddeg pentref – diflannodd pedwar ohonynt yn llwyr.

ardal llifogydd

Cronfa Vaiont

Mae'r llinell hon yn dangos ffin tirlithriad 3 mlynedd ynghynt, a anwybyddwyd gan adeiladwyr y gronfa ddŵr.

Cododd y dŵr 100 metr dros wal y gronfa.

Llanwodd y tirlithriad y rhan fwyaf o ben gorllewinol y gronfa.

Mewn llai na 30 eiliad, cwympodd rhan enfawr o Fynydd Toc i'r gronfa.

Mynydd Toc

Tarodd tonnau o lan i lan, gan ddinistrio cannoedd o gartrefi ar lan y gronfa.

Mynydd yn symud

Am 10.41 y nos, syrthiodd darn 2km o led o Fynydd Toc, ar ochr ddeheuol y gronfa. Llanwodd hwn hanner y llyn a chreu ton o 240 miliwn metr ciwb o ddŵr, a ddinistriodd ran helaeth o dref Longarone a nifer o bentrefi eraill. Dinistriwyd cannoedd o dai hefyd ar ochr ddwyreiniol y gronfa.

Eira ym mhobman
Mae cwymp eira'n berygl o hyd mewn ardaloedd fel yr Alpau yng Nghanol Ewrop. Mae'n fwy tebygol o ddigwydd mewn ardaloedd ffermio a chyrchfannau sgïo lle mae coed wedi'u clirio o lethrau'r mynyddoedd. Mae'r coed yn helpu i atal yr eira ar lawr rhag llithro.

Wedi'r trychineb
Mae offeiriad yn gweddïo dros berson a fu farw yn nhrychineb cronfa Vaiont. Doedd neb yn gwybod pwy oedd llawer o'r meirw, achos bod neb o'r pentref ar ôl i'w hadnabod. Dim ond am rai misoedd roedd y gronfa wedi bod yn cynhyrchu trydan dŵr. Roedd blynyddoedd o oedi wedi bod oherwydd bod pobl yn amau y byddai tirlithriad yn digwydd.

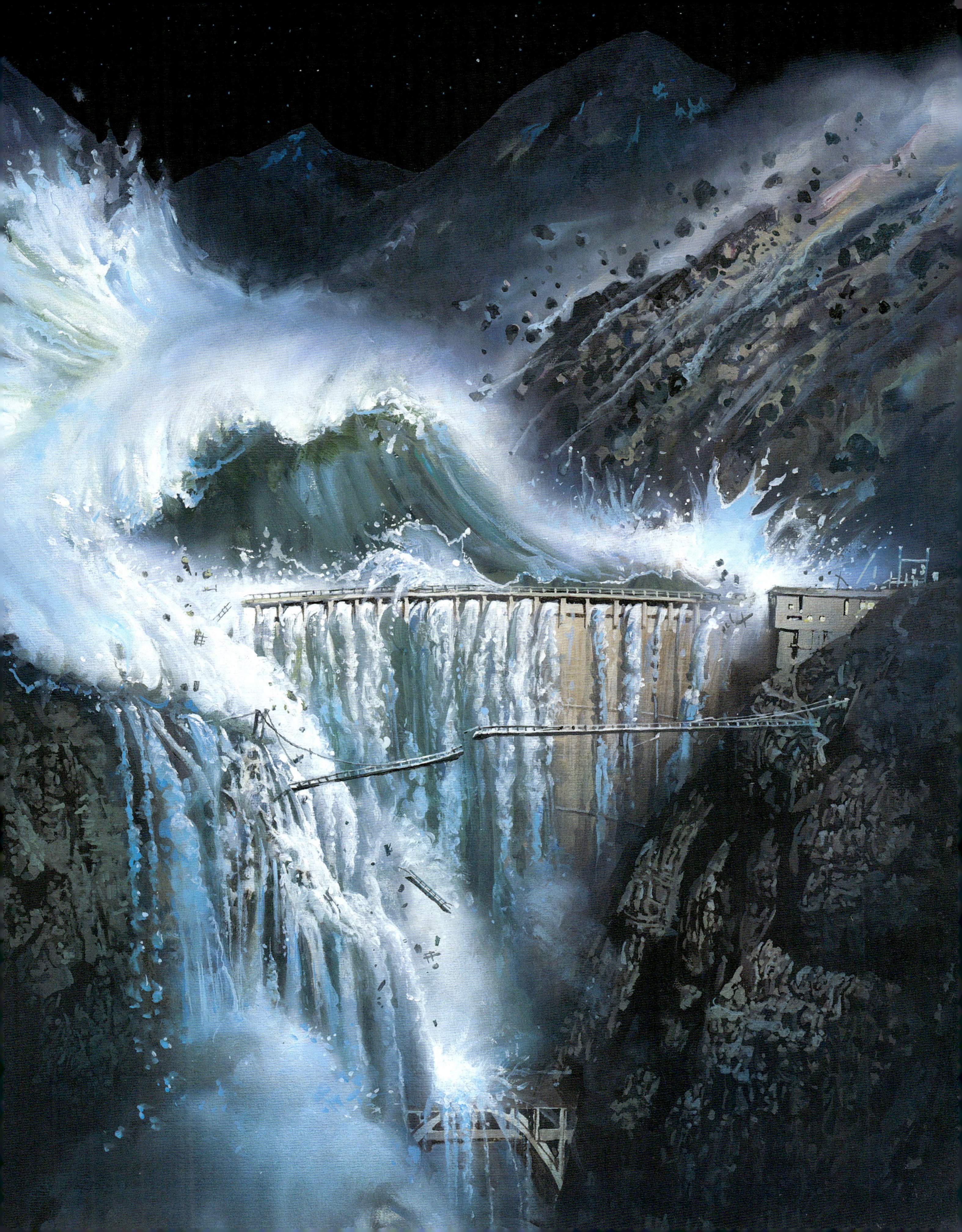

Mynydd o arian diwerth

Gall chwyddiant – pan fydd arian yn colli ei werth – fod yn drychineb ariannol. Ar ôl y Rhyfel Byd Cyntaf, digwyddodd gorchwyddiant yn yr Almaen. Cwympodd gwerth yr arian cyfred, y marc, i ddim, fwy neu lai. Roedd rhaid i'r Almaen dalu iawndal enfawr i wledydd roedd hi wedi ymosod arnyn nhw yn y rhyfel. Ond twyllodd y llywodraeth drwy argraffu rhagor o arian papur. Collodd pobl ffydd yng ngwerth yr arian hwn a chwympodd gwerth y marc. Yn 1918, roedd torth o fara'n costio un marc. Ar ddechrau 1923, roedd y pris wedi codi i 250 marc. Erbyn y Nadolig, roedd yn costio 200 biliwn marc. Roedd gweithwyr yn mynd â'u cyflog adref mewn berfa, a phlant yn chwarae â phentyrrau o arian papur diwerth. Aeth yr anhrefn economaidd hwn ymlaen tan i'r llywodraeth gyflwyno arian cyfred newydd.

Cwymp Wall Street

Mae heddwch a lles pob cenedl yn dibynnu ar sicrwydd economaidd. Ond mae'r sicrwydd hwnnw'n gallu bod yn simsan. Gall trychinebau ariannol achosi tlodi enfawr – fel digwyddodd yn UDA ar ôl cwymp y farchnad stoc ar 24 Hydref 1929. Cwympodd gwerth cyfraddau mor isel nes bod nifer o gwmnïau'n werth dim. Collodd buddsoddwyr eu harian ac aeth busnesau'n fethdalwyr. Collodd miliynau eu swyddi, ac yna eu cartrefi wrth i ddirwasgiad gydio yn y wlad. Aethon nhw ar daith i chwilio am waith, gan ddibynnu ar elusen i gadw'n fyw. Bu farw nifer fawr o newyn a salwch.

Aros mewn rhes

Wrth i'r Dirwasgiad Mawr afael yn yr Unol Daleithiau, cododd nifer y di-waith i 14 miliwn a hanerodd incwm pobl. Doedd Americanwyr ddim yn cael budd-dal diweithdra, felly roedden nhw'n dibynnu ar geginau cawl – neu fegera – i gadw'n fyw. Dechreuodd pethau wella pan gyflwynodd arlywydd newydd, Franklin D. Roosevelt, 'Bargen Newydd' yn 1933. Roedd y cynllun hwn yn helpu'r tlodion i ddod o hyd i fwyd, cartref a gwaith drwy brosiectau cymunedol, adeiladu ffyrdd, cronfeydd a thai.

Amser caled i ffermwyr

Yn 1932, pan oedd y Dirwasgiad ar ei waethaf, dioddefodd America drychineb economaidd arall. Ar ôl blynyddoedd o gynaeafau da o wastadeddau ŷd y de, daeth sychder mawr i'r ardal eang honno. Cyn hir roedd y tir yn llwch i gyd. Collodd ffermwyr eu heiddo a symud i siediau syml. Gadawodd hanner miliwn o bobl eu tir cyn i'r sychder ddod i ben – bum mlynedd yn ddiweddarach.

Panig yn y stryd

Ar fore'r cwymp mawr, roedd hi'n anhrefn llwyr yn y Gyfnewidfa Stoc yn Wall Street, Efrog Newydd. Roedd buddsoddwyr mawr yn gwerthu cyfranddaliadau ar ôl clywed am bryderon am y farchnad fyd-eang. Wrth i bobl glywed bod y prisiau'n gostwng, dywedodd miloedd o fuddsoddwyr bach wrth eu broceriaid stoc am werthu 'am unrhyw bris'. Dechreuodd panig pan fethodd y broceriaid â dod o hyd i brynwyr. Aeth miliynau o gyfranddaliadau gwerth biliynau o ddoleri'n werth dim mewn ychydig oriau.

TRYCHINEBAU'R DYFODOL

Ydy bywyd ar y Ddaear yn mynd yn fwy peryglus? Ydy, mewn un ffordd bwysig. Mae poblogaeth y byd 100 gwaith yn fwy nag oedd 500 mlynedd yn ôl ac mae'n codi'n arswydus o gyflym. Mae miliynau'n fwy o bobl yn agored i drychinebau naturiol. Mae'r twf yn y boblogaeth yn rhoi pwysau ar ansawdd bywyd pobl ledled y byd. Mae llawer o ddinasoedd yn wynebu tlodi, clefydau, gorlenwi a rhagor o droseddu.

Yn y cyfamser, mae technoleg ddynol yn achosi niwed i amgylchedd y Ddaear. Rydym wedi torri llawer o goedwigoedd i lawr a llygru'r amgylchedd â gwastraff diwydiannol a mwg trafnidiaeth. Felly mae'r byd wedi dechrau cynhesu. Mae rhagor o dywydd gwyllt a llifogydd yn digwydd yn barod oherwydd hyn. Mae perygl y gall y capiau iâ doddi, a boddi llawer o dir.

Mae technoleg yn gwneud ein bywydau'n saffach. Gall meddyginiaethau modern ymladd clefydau oedd yn arfer ein lladd. Ond mae rhai clefydau'n dal i fod yn drech na ni.

Gall bygythiad arall ddod o'r gofod. Mae meteorynnau enfawr wedi taro'r Ddaear o'r blaen, a gallai hyn ddigwydd eto. Rhaid gobeithio y byddwn yn gallu atal trychineb fel hyn erbyn hynny.

Mae'r byd yn cynhesu

Meddyliwch am y byd fel tŷ gwydr. Atmosffêr y Ddaear yw'r waliau a'r to gwydr. Maen nhw'n gadael i olau'r haul ddod i mewn ac yn dal y gwres i gadw'r lle'n gynnes. Ond mae problem fawr. Mae nwyon o danwydd y mae diwydiant yn ei losgi, trafnidiaeth a datgoedwigo'n cynyddu yn yr atmosffêr, fel bod gwres yn dianc yn arafach. Mae pobl dros y byd yn poeni am yr effaith tŷ gwydr hwn yn barod.

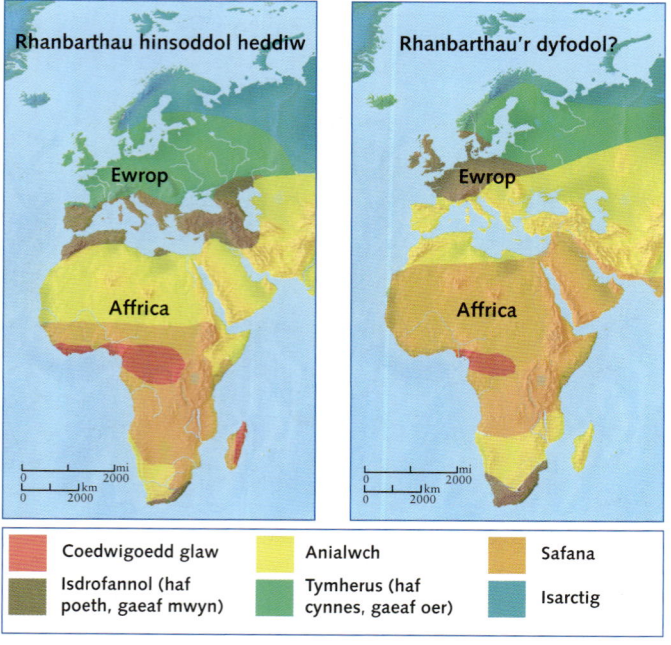

Rhanbarthau hinsoddol heddiw | Rhanbarthau'r dyfodol?

- Coedwigoedd glaw
- Isdrofannol (haf poeth, gaeaf mwyn)
- Anialwch
- Tymherus (haf cynnes, gaeaf oer)
- Safana
- Isarctig

Rhagolygon tywydd tymor hir
Os bydd cynhesu byd-eang yn parhau, gallai capiau iâ'r ddau begwn doddi. Bydd rhanbarthau hinsoddol y byd yn symud i'r gogledd. Er enghraifft, byddai gwledydd gweddol oer fel Ffrainc, yr Almaen a Phrydain yn dod yn isdrofannol, byddai Sbaen a'r Eidal yn troi'n anialwch a byddai anialwch Gogledd Affrica yn troi'n safana o borfa.

Paris yn y gwres

Yn y dyfodol, a fydd hi'n boeth mewn dinasoedd fel Paris? Bydd, yn ôl rhai arbenigwyr, os bydd cynhesu byd-eang yn achosi i ranbarthau hinsoddol y byd symud. Byddai ardaloedd gogleddol y byd yn falch o weld tywydd cynhesach, ond byddai'r effaith posibl ar amaethyddiaeth y byd yn ddifrifol, wrth i ardaloedd sy'n tyfu grawn droi'n anialwch, gan achosi newyn. Gallai cynhesu byd-eang achosi newidiadau i batrymau glawiad hefyd. Gall ardaloedd sy'n cael glaw drwy'r flwyddyn nawr wynebu glaw trwm fel monsŵn. Byddai llifogydd ofnadwy'n digwydd. Byddai'r byd yn dechrau edrych yn wahanol iawn. Er enghraifft, fyddai pyramidiau'r Aifft ddim mewn anialwch, ond mewn glaswelltir gwyrdd.

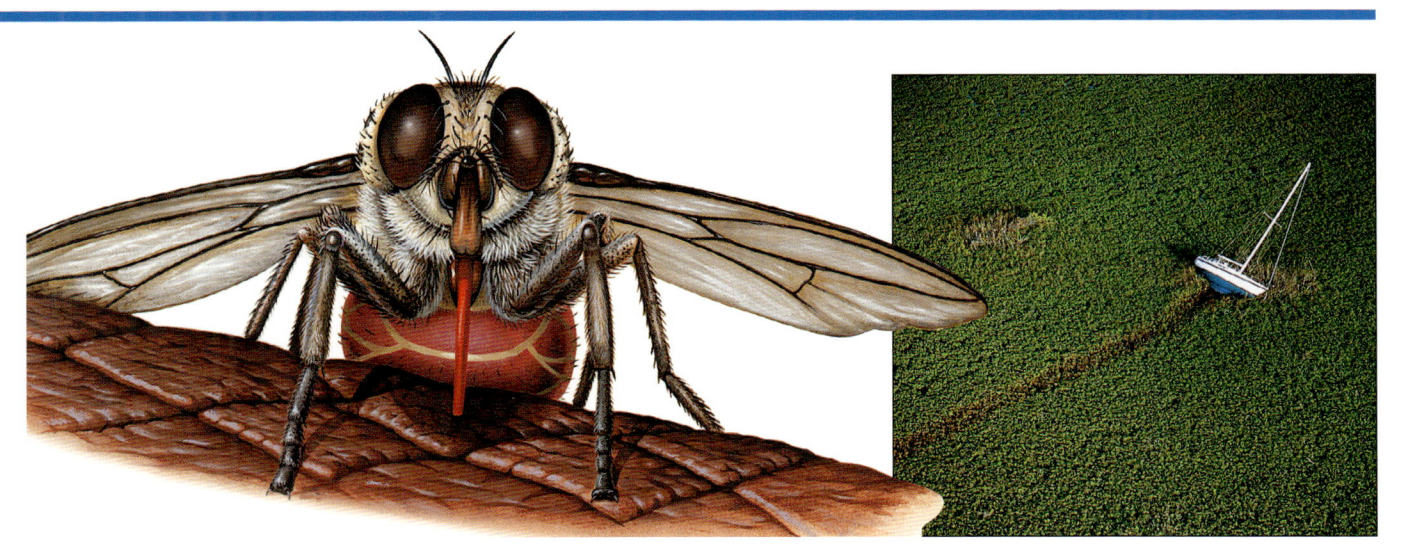

Ymwelwyr cas
Gall y tymheredd godi hyd at dair gradd canradd yn ystod y 100 mlynedd nesaf – bum gwaith yn fwy na'r cynnydd yn ystod y ganrif ddiwethaf. Byddai rhywogaethau planhigion a bywyd gwyllt sy'n byw mewn gwledydd cynnes yn mudo i'r gogledd. Felly gallai ymwelwyr cas ddod am y tro cyntaf i rannau o Ewrop a'r Unol Daleithiau, fel y pryfyn tsetse marwol a'r mosgito sy'n achosi malaria.

Rhagor o stormydd
Cynhesu byd-eang sy'n cael y bai oherwydd bod rhagor o stormydd gwyllt. Mae'n debyg fod stormydd fel Katrina, a ddinistriodd New Orleans yn 2005, yn digwydd 40% yn amlach ers 1970.

Byd o dan y dŵr

Os bydd ein planed yn dal i gynhesu, gallen ni i gyd fod mewn dyfroedd dyfnion. Mae dŵr yn ymledu wrth gynhesu, felly byddai'r moroedd yn codi ac yn bygwth yr arfordiroedd. Mae perygl hefyd y gallai capiau iâ'r ddau begwn doddi'n raddol wrth i'r tymheredd godi. Mae rhai gwyddonwyr yn rhagweld y byddai'r ddau beth yma'n achosi i lefel y môr godi'n drychinebus erbyn diwedd yr 21ain ganrif. Heb forgloddiau, byddai rhai o brif ddinasoedd y byd mewn perygl mewn mannau lle mae llawer iawn o bobl yn byw.

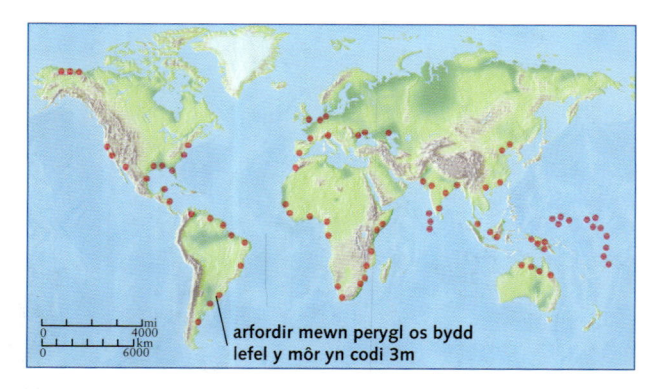

arfordir mewn perygl os bydd lefel y môr yn codi 3m

Diflannu o'r map
Mae rhai gwyddonwyr yn meddwl y gallai lefelau'r môr godi dair metr erbyn y flwyddyn 2100. Os digwydd hyn, byddai ardaloedd eang, gan gynnwys dinasoedd mawr fel Bangkok, St Petersburg a New Orleans yn wynebu llifogydd trychinebus. Byddai ardaloedd cyfan gan gynnwys de Fflorida yn UDA, rhan o'r Iseldiroedd a hanner Bangladesh wedi'u gorlifo. Mae'r ardaloedd mewn perygl yn cynnwys traean o'r tir yn y byd sy'n tyfu cnydau.

Twll yn yr haen oson
Nid cynhesu byd-eang yn unig sy'n digwydd o achos llygredd. Roedd cemegau o'r enw CFCs, er enghraifft mewn chwistrellu aerosol, yn codi i'r awyr am ddegawdau, gan ddinistrio'r haen oson. Dyma'r rhan o atmosffêr y byd sy'n ein hamddiffyn rhag golau uwchfioled yr haul sy'n achosi cancr. Doedd neb yn gwneud sylw, tan i dwll enfawr ddod i'r golwg yn yr haen oson dros Antartica yn 1987. Mae CFCs yn cael eu rheoli nawr, ond mae'n rhy hwyr i atal y trychineb amgylcheddol mawr hwn.

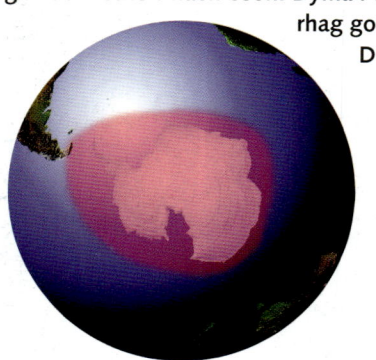

Lefel y môr yn codi

Mae'n debygol iawn y bydd dinasoedd ar yr arfordir fel Efrog Newydd yn gorfod cysgodi y tu ôl i forgloddiau mewn canrifoedd i ddod. Yn y 100 mlynedd diwethaf, mae lefel y môr ar gyfartaledd wedi codi 10-25 cm ac mae'r Cenhedloedd Unedig yn rhagweld y bydd yn codi bedair gwaith yn gynt yn y 21ain ganrif. Bydd cerrynt y môr yn achosi i'r môr godi'n llawer uwch mewn rhai ardaloedd. Felly bydd llanw 3 i 4 metr yn uwch na'r lefelau presennol yn bygwth yr arfordiroedd. Gallai hyn fod yn waeth os bydd capiau iâ'r ddau begwn yn toddi.

Yn erbyn y llanw
Mae morglawdd Llundain – *Thames Barrier*, a gwblhawyd yn 1984 – yn amddiffyn Llundain rhag y llanw peryglus o uchel a ddechreuodd orlifo'r ddinas yn yr 20fed ganrif. Mae'r prif gatiau, sy'n pwyso 3,700 tunnell yr un, yn cau gan ffurfio wal o uchder adeilad pum llawr. Roedd yn rhaid i'r rhwystr gael ei godi 90 gwaith yn yr 20 mlynedd gyntaf.

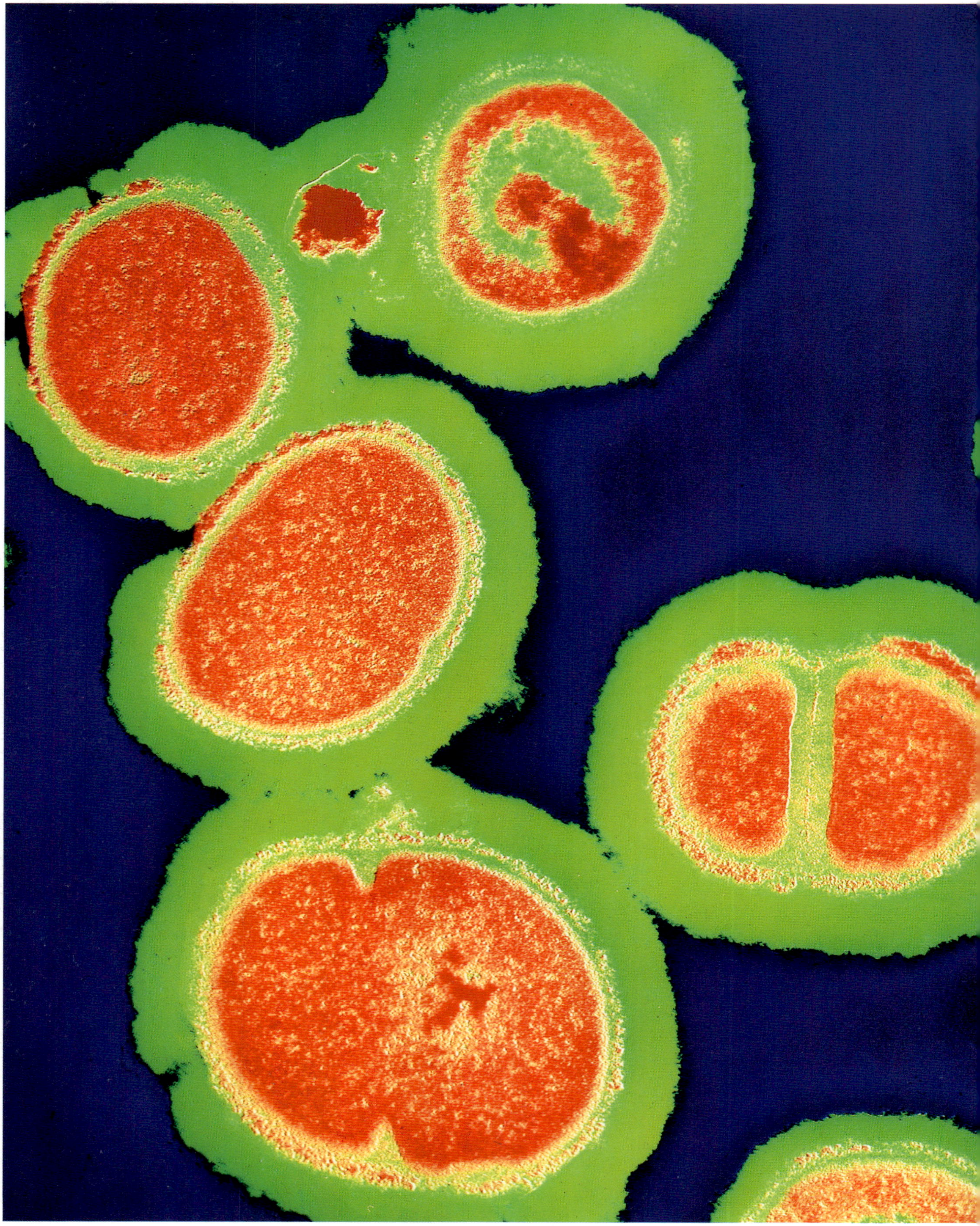

Bygythiad Clefydau

Mae ein gelynion mwyaf peryglus yn anweledig. Mae clefydau peryglus yn bod o hyd, er gwaethaf datblygiadau meddygol anhygoel yn yr 20fed ganrif. Does dim modd gwella pobl o glefydau firaol fel AIDS ac Ebola hyd yma. Ac mae bacteria heintus, sy'n gyfrifol am glefydau marwol fel difftheria a'r ddarfodedigaeth, ar eu ffordd yn ôl hefyd. Mae hi'n fwy anodd eu trin gyda gwrthfiotigau, sef y cyffuriau gwyrthiol roedd meddygon yn gobeithio y bydden nhw'n lladd bacteria am byth.

MRSA

Bacteriwm arbennig yw MRSA – *Methicillin-resistant Staphylococcus Aureus*. Mae'n byw mewn ysbytai lle mae'n ymosod ar gleifion wedi llawdriniaeth, ac yn eu lladd. Mae'r llun ar y chwith wedi'i chwyddo 500,000 ei faint go iawn. Mae MRSA mor beryglus fel bod rhai ysbytai'n gwrthod derbyn cleifion sydd â'r haint. Mae gwyddonwyr yn datblygu cyffuriau i ymladd MRSA, ond gall yr organebau bach hyn newid eu ffurf a'u hymddygiad a goroesi.

Hen feddyginiaeth

Mae malaria'n lladd miliynau o bobl y flwyddyn. Mae triniaeth newydd ar ei gyfer, wedi'i seilio ar feddyginiaeth lysieuol o China sy'n 2,000 o flynyddoedd oed. Mae'n dod o deulu planhigion cyffredin *Artemisia*.

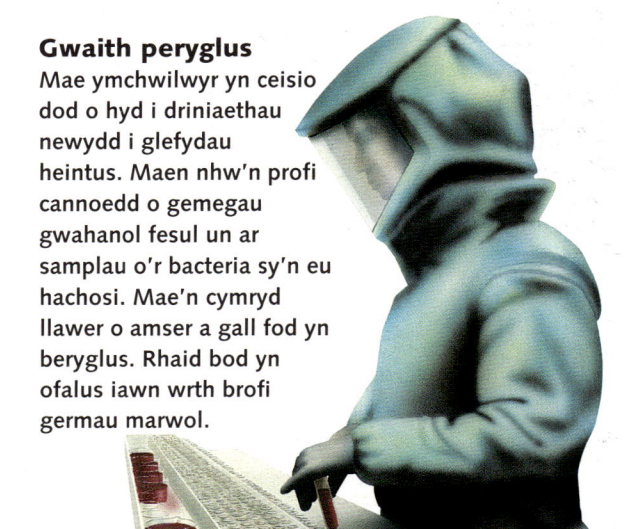

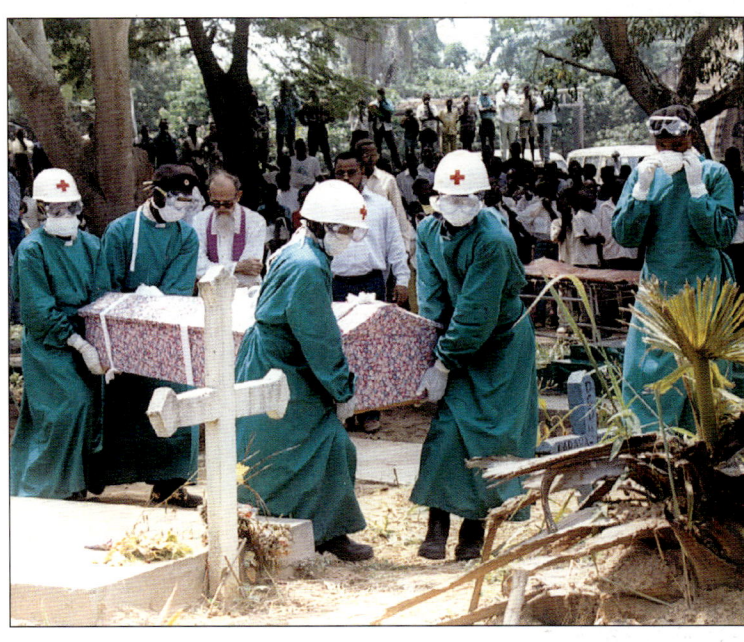

Gwaith peryglus

Mae ymchwilwyr yn ceisio dod o hyd i driniaethau newydd i glefydau heintus. Maen nhw'n profi cannoedd o gemegau gwahanol fesul un ar samplau o'r bacteria sy'n eu hachosi. Mae'n cymryd llawer o amser a gall fod yn beryglus. Rhaid bod yn ofalus iawn wrth brofi germau marwol.

Lladdwr creulon

Mae clefydau newydd yn bygwth o hyd. Yn Affrica, mae miliynau o bobl yn ofni firws *Ebola*, wedi'i enwi ar ôl i'r clefyd dorri allan yn ardal Afon Ebola, Zaire, yn 1976. Cafodd un dioddefwr ei symud i'r brifddinas, Kinshasa. Sylweddolwyd bod y clefyd yn un newydd ac yn ddigon heintus i beryglu'r ddwy filiwn o bobl yn y ddinas. Cafodd yr ysbyty ac ardal Ebola, eu cau'n syth. Mae'r clefyd yn lladd hyd at 90% o'r rhai sy'n ei ddal ac mae'n amhosibl ei wella. Torrodd allan eto yn 1995, gan ladd y rhan fwyaf o'r staff a'r cleifion mewn ysbyty yn Kikwit, Zaire. Mae'r firws mor heintus fel bod rhaid i'r rhai sy'n claddu'r cyrff wisgo dillad gwarchod.

Planed orlawn

Diolch i dechnoleg yr 20fed ganrif, rydyn ni'n byw yn hirach, yn teithio'n bellach ac yn cynhyrchu rhagor o nwyddau. Mae mwy ohonon ni hefyd, chwe biliwn i gyd, bedair gwaith yn fwy na 100 mlynedd yn ôl. Rydyn ni'n rhedeg biliwn o gerbydau ac yn defnyddio mwy a mwy o adnoddau'r Ddaear. Mewn canrif eto, gallai fod 15 biliwn o bobl, a phawb eisiau swyddi, cartrefi, bwyd, gofal iechyd a thrafnidiaeth. Os na fydd y twf yn arafu, gallai'r byd fod mewn perygl.

Ffrwydrad poblogaeth
Mae'r Cenhedloedd Unedig yn gobeithio y bydd pobl yn dysgu cadw i ddau blentyn i bob pâr. Mae'r cynnydd yn y boblogaeth yn y ganrif nesaf yn dibynnu ar gyrraedd y targed hwn. Mae'r graff yn dangos tri phosibilrwydd. Y ffigwr uchaf yw'r mwyaf tebygol, gall fod yn uwch hyd yn oed.

O 1600-1900, tyfodd poblogaeth y byd yn araf o 0.6 biliwn i 1.6 biliwn.

Targed dau blentyn y teulu heb gael ei gyrraedd tan 2065. Poblogaeth y byd yn 14.2 biliwn yn 2100.

Targed dau blentyn y teulu heb gael ei gyrraedd tan 2035. Poblogaeth yn 7.5 biliwn yn 2100.

Cyrraedd targed dau blentyn y teulu erbyn 2010. Y boblogaeth yn 7.5 biliwn yn 2100.

Mae poblogaeth y byd heddiw dros 6.3 biliwn.

Anfanteision mawr
- Mae cyfrifiaduron wedi newid llawer o weithgareddau'n llwyr. Ond gall problemau ddigwydd yn y dyfodol oherwydd ein bod yn dibynnu cymaint arnyn nhw.
- Mae namau meddalwedd yn bygwth systemau hanfodol fel y rhai sy'n rheoli traffig awyr ac amddiffyn.
- Mae defnyddwyr cyfrifiaduron yn gaeth i'w desgiau ac yn gallu dioddef o ddiffyg cyswllt personol.
- Gall plant fynd yn gaeth i gemau, gan niweidio'u hiechyd a'u haddysg.

Anhrefn yn y strydoedd
Mae'r weledigaeth o ddinas y dyfodol yn orlawn a hunllefus. Strydoedd budr, llawn traffig wedi'u gwasgu rhwng adeiladau uchel, a gweithwyr yn eistedd drwy'r dydd o flaen cyfrifiaduron mewn swyddfeydd. Mae rhai dinasoedd fel hyn nawr, wrth gwrs, ond bydd pethau'n gwaethygu. Mae gan Brydain un o rwydweithiau ffyrdd mwyaf gorlawn y byd, gyda 100 cerbyd i bob cilomedr. Os bydd y twf yn y defnydd o geir yn dal i dyfu, bydd 50 y cant yn fwy o draffig erbyn 2030, gan achosi mwy o dagfeydd traffig, damweiniau a llygredd.

Cymdeithas wastraffus
Mae cartrefi yn Ewrop yn taflu tunnell o sbwriel y flwyddyn. Mae'r ffigwr hwn yn uwch eto yn UDA. Mae llosgi neu gladdu sbwriel yn niweidio'r amgylchedd – ac mae'r broblem yn gwaethygu wrth i bobl ledled y byd greu mwy a mwy o wastraff.

Dinasoedd yn ymledu

Mae'r poblogaethau yng ngwledydd diwydiannol Ewrop a Gogledd America yn tyfu'n araf. Ond yn y byd sy'n datblygu, mae cyfraddau geni'n dyblu poblogaeth rhai gwledydd bob 20-30 mlynedd. Mae miliynau o bobl yn heidio i ddinasoedd, gan obeithio gwella eu safon byw. Mae'r rhai sy'n methu dod o hyd i waith yn wynebu bywyd caled mewn trefi sianti fel rhai Rio de Janeiro yn Brazil (chwith). Mae hi eisoes yn orlawn ac yn dioddef o dlodi a chlefydau.

Daeargryn San Francisco

Petai'r bobl a sefydlodd San Francisco wedi cael rhybudd yn 1776, eu bod yn adeiladu yn un o'r mannau mwyaf peryglus yn y Byd, efallai y bydden nhw wedi penderfynu mynd i rywle arall. Ond ddaeth dim rhybudd, a thyfodd San Francisco'n ddinas fawr a llewyrchus. Ond mae bron yn union ar ben ffawtlin San Andreas, lle mae dau blat yn croesi ei gilydd yng nghramen y Ddaear. Mae pobl y ddinas yn gwybod y gallen nhw gael eu taro, unrhyw bryd, gan ddaeargryn nerthol fel yr un a ddinistriodd y ddinas yn 1906.

Eiliadau cyn trychineb

Faint o ddifrod fydd daeargryn yn ei wneud i San Francisco? Cafodd y ddinas ragflas ym mis Hydref 1989. Achosodd daeargryn 11 eiliad o hyd $6 biliwn o ddifrod. Dim ond 1/10 maint daeargryn mawr 1906 oedd hwn. Collodd 12,000 o bobl eu cartrefi a chwympodd rhan o ffordd ar bont, gan ladd 42 gyrrwr. Petai'r daeargryn wedi para 20 i 30 eiliad fel sy'n arferol, byddai miloedd yn rhagor o adeiladau a ffyrdd wedi cael eu dinistrio.

Siglo i'w seiliau

Ychydig wedi 5 y bore ar 16 Ebrill 1906, cafodd hanner miliwn o drigolion San Fransisco eu deffro gan ddaeargryn erchyll. Syrthiodd adeiladau a ffyrdd ac achoswyd tanau drwy'r ddinas. Bu farw dros 700 o bobl a dinistrwyd y rhan fwyaf o'r ddinas. Ond er gwaethaf y trychineb roedd canol y ddinas wedi ei adnewyddu'n llwyr ymhen tair mlynedd, yn cynnwys ffyrdd, pontydd ac adeiladau cadarn wedi eu hatgyfnerthu a'u creu i wrthsefyll cryndod a thân. Erbyn heddiw, mae poblogaeth Ardal Bae San Ffransisco ddeg gwaith yn fwy na chanrif yn ôl.

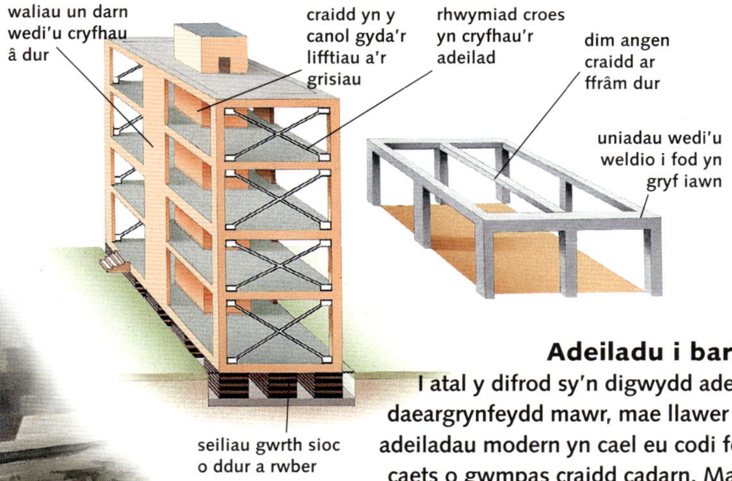

waliau un darn wedi'u cryfhau â dur

craidd yn y canol gyda'r llifftiau a'r grisiau

rhwymiad croes yn cryfhau'r adeilad

dim angen craidd ar ffrâm dur

uniadau wedi'u weldio i fod yn gryf iawn

seiliau gwrth sioc o ddur a rwber

Mae'r map yn dangos lleoliad prif ddaeargrynfeydd California yn ystod 200 mlynedd olaf.

Adeiladu i bara

I atal y difrod sy'n digwydd adeg daeargrynfeydd mawr, mae llawer o adeiladau modern yn cael eu codi fel caets o gwmpas craidd cadarn. Mae waliau un darn o goncrit cyfnerth a waliau allanol â rhwymiad croes yn cynnal yr adeilad. Mae fframiau dur gan rai adeilad wedi'u weldio'n un strwythur cadarn. Felly does dim angen cryfhau'r tu mewn cymaint.

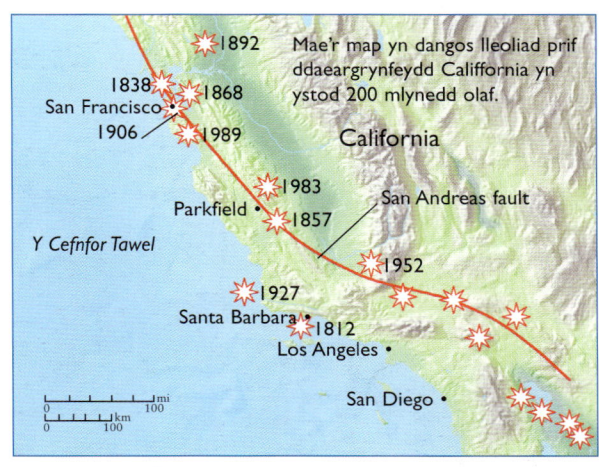

Man peryglus

Dau blât yn rhwbio yn erbyn ei gilydd yng nghromen y ddaear, sef Plat Gogledd America a Phlât y Môr Tawel sy'n achosi ffawtlin San Andreas, sy'n 1,200km o hyd. Mae daeargrynfeydd yn digwydd yn aml yng Nghalifformia felly, wrth i'r naill blât neu'r llall symud. Cafwyd un daeargryn bob rhyw 10 mlynedd yn ystod y ddwy ganrif ddiwethaf.

Paratoi'n dda

Mae tref Parkfield ar ffawtlin San Andreas mewn ardal o California lle tarodd daeargrynfeydd enfawr yn 1857 a 1983. Mae'r dref yn barod os daw daeargryn arall. Mae ysgol y dref wedi'i chodi i wrthsefyll cryndodau mawr. Fydd gwydr y ffenestri ddim yn torri ac mae popeth trwm – silffoedd llyfrau a chyfrifiaduron, wedi'u bolltio'n sownd. Mae'r disgyblion yn cael ymarfer daeargryn o leiaf unwaith y mis.

Meteoryn!

Ai rhywbeth o fyd ffuglen wyddonol yw meteorynnau yn taro'r ddaear? Ddim o gwbl, medd gwyddonwyr. Mae cannoedd o fannau ar y ddaear lle maen nhw wedi gwrthdaro â'r ddaear yn y gorffennol. Mae hyn yn cynnwys twll a dorrwyd gan y meteoryn oedd yn gyfrifol am ladd y dinosoriaid 65 miliwn blynedd yn ôl, a'r ardal eang yn Siberia a losgwyd gan belen o dân mor ddiweddar â 1908. Yn swyddogol, does neb wedi cael ei ladd gan feteoryn – hyd yma. Ond am faint fyddwn ni'n lwcus?

Twll mawr
Mae'r *Meteor Crater* yn Arizona, UDA yn rhoi tystiolaeth bendant i wrthrych mawr daro'r Ddaear 50,000 mlynedd yn ôl. Er mwyn creu pydew fel hyn, sy'n 1.3km o led a 175m o ddyfnder, rhaid bod y meteoryn yn 40m o led, yn pwyso 300,000 tunnell, ac yn teithio ar dros 48,000km/a.

Perygl yn y gofod

Mae asteroidau, planedau bychain sy'n troi o gwmpas yr Haul, yn amrywio o rai enfawr 1,000km o led i ddarnau bychain o graig a haearn. Pan fydd y gwrthrychau hyn yn taro'r Ddaear, rydyn ni'n eu galw nhw'n feteorynnau. Mae'r Ddaear yn taro yn erbyn rhywbeth bob dydd, ond mae'r cyfan, bron, yn cael ei losgi yn yr atmosffêr. Ond petai rhywbeth mawr yn taro, gallai greu difrod dros y byd i gyd. Mae gwyddonwyr yn amcangyfrif mai unwaith bob miliwn blynedd y gallai rhywbeth mawr ddigwydd. Eto i gyd, maen nhw'n gwylio'r gofod drwy'r amser, achos gallai ddod unrhyw bryd. Dim ond cysur bach yw gwybod y gallai arfau niwclear gael eu saethu i daro meteoryn oddi ar ei lwybr.

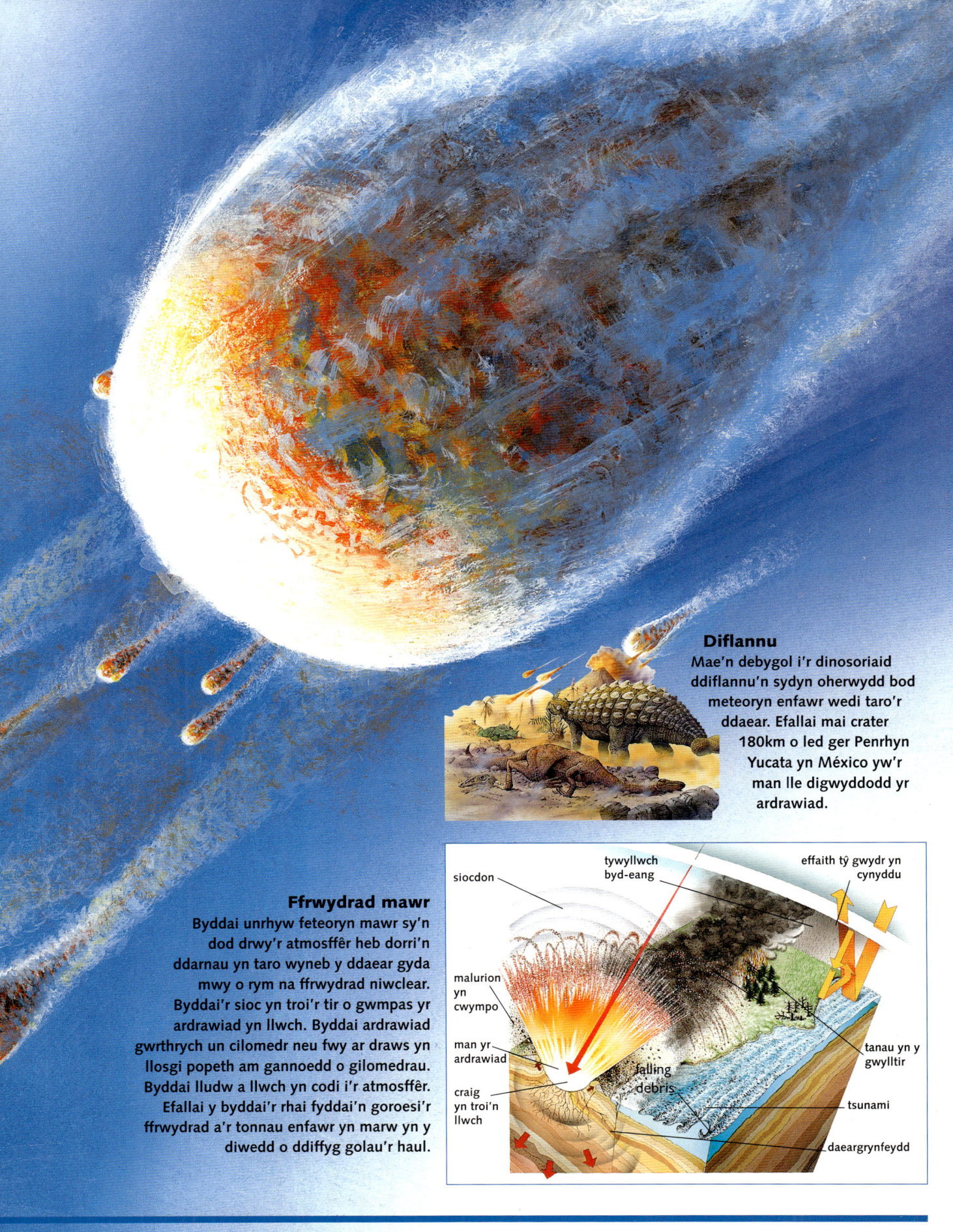

Diflannu
Mae'n debygol i'r dinosoriaid ddiflannu'n sydyn oherwydd bod meteoryn enfawr wedi taro'r ddaear. Efallai mai crater 180km o led ger Penrhyn Yucata yn México yw'r man lle digwyddodd yr ardrawiad.

Ffrwydrad mawr
Byddai unrhyw feteoryn mawr sy'n dod drwy'r atmosffêr heb dorri'n ddarnau yn taro wyneb y ddaear gyda mwy o rym na ffrwydrad niwclear. Byddai'r sioc yn troi'r tir o gwmpas yr ardrawiad yn llwch. Byddai ardrawiad gwrthrych un cilomedr neu fwy ar draws yn llosgi popeth am gannoedd o gilomedrau. Byddai lludw a llwch yn codi i'r atmosffêr. Efallai y byddai'r rhai fyddai'n goroesi'r ffrwydrad a'r tonnau enfawr yn marw yn y diwedd o ddiffyg golau'r haul.

siocdon — tywyllwch byd-eang — effaith tŷ gwydr yn cynyddu
malurion yn cwympo
man yr ardrawiad
craig yn troi'n llwch
falling debris
tanau yn y gwylltir
tsunami
daeargrynfeydd

59

Geirfa

agen Hollt yn y ddaear wedi'i hachosi gan ddaeargryn neu losgfynydd.

AIDS *Aquired immune deficiency syndrome*, salwch marwol sy'n cael ei achosi gan HIV *(human immuno-deficiency virus)*. Mae'r dioddefwyr yn methu ymladd heintiau.

asteroid Gwrthrych bach fel craig sy'n troi o gwmpas yr Haul. Mae gwrthdrawiadau rhwng asteroidau, neu rym disgyrchiant planed fawr yn gwneud i rai newid orbit a gwrthdaro â'r Ddaear.

Atlantis Mewn chwedlau Hen Roeg, roedd hwn yn wareiddiad mawr a gafodd ei golli o dan y môr.

bacteria Organebau ungellog. Mae rhai'n achosi clefydau heintus. Mae'r rhan fwyaf yn gallu cael eu rheoli gan gyffuriau gwrthfiotig.

brocer stoc Mae pobl yn defnyddio broceriaid stoc i brynu neu werthu cyfran-ddaliadau. Mae ganddyn nhw drwydded i wneud trafodion ar farchnadoedd stoc y byd.

carbon Yr elfen mewn tanwydd ffosil, fel glo neu olew, sy'n rhoi egni gwres wrth ei losgi.

carbon monocsid Nwy peryglus sy'n cael ei ryddhau wrth losgi tanwydd ffosil fel glo neu betrol, i gynhyrchu gwres neu bŵer.

Cenhedloedd Unedig, y Cymdeithas o holl wledydd y byd. Mae'n ceisio cadw'r heddwch a gwella lles dynoliaeth.

CFCs *Chloroflurocarbons*, y nwyon a ddefnyddir mewn aerosolau a rhewgelloedd. Pan fydd CFCs yn cael eu rhyddhau i'r awyr, mae adweithiau cemegol distrywiol yn digwydd yn yr haen oson.

clwyf tatws Clefyd sy'n cael ei achosi gan ffwng. Mae'n ymledu'n gyflym ac yn troi tatws yn slwtsh du.

cyfranddaliadau Mae busnesau mawr yn gwerthu cyfranddaliadau i godi arian er mwyn ehangu eu busnesau. Mae pob cyfranddaliad yn cynrychioli rhan o werth y cwmni. Mae buddsoddwyr yn prynu'r cyfranddaliadau gan obeithio y byddan nhw'n cynyddu yn eu gwerth.

chwyddiant Arian yn colli ei werth. Os yw prisiau'n codi fel bod eitem oedd yn costio £1 ym mis Ionawr yn costio £1.10 ym mis Rhagfyr, mae chwyddiant yn 10 y cant. Os yw'r prisiau'n codi o £1 i rywbeth fel £100 neu fwy, gorchwyddiant yw hynny.

delta Yr ardal ar yr arfordir lle mae afon fawr yn nesáu at y môr. Mae'r tir o gwmpas wedi'i ffurfio o silt ffrwythlon.

difftheria Clefyd bacteriol sy'n effeithio ar y gwddf. Mae'n ei gwneud hi'n anodd iawn anadlu a llyncu.

ecosystem Cymuned o organebau byw. Mae pob rhan o'r system yn dibynnu ar eraill. Os caiff un rhan o'r system ei dinistrio, mae'n effeithio ar y gweddill.

effaith tŷ gwydr Mae atmosffêr y Byd yn cynhesu oherwydd y llygredd sy'n dod o losgi tanwydd. Fel arfer mae'r atmosffêr yn dal gwres yr Haul yn naturiol, ond mae llygredd yn atal y gwres rhag dianc mor gyflym ag o'r blaen. Mae hyn yn achosi i dymheredd y byd godi – proses 'cynhesu byd-eang'.

firws Organeb ficrosgopig sy'n defnyddio anifail neu berson i oroesi. Mae'n achosi clefyd wrth iddo atgynhyrchu yn y corff. Mae'n amhosibl lladd firysau â gwrthfiotigau.

fortecs Effaith chwyrlïo awyr sy'n cylchdroi'n gyflym iawn. Mae'n creu tornado.

ffawtlin Yr uniad rhwng y platiau symudol sy'n ffurfio wyneb y Ddaear.

gorlifdir Y tir isel ger afon neu ar hyd arfordir lle mae gorlifo'n digwydd yn aml.

Gwareiddiad Minoaidd Cenedl gynnar ar ynysoedd Creta.

gwrthfiotigau Cyffuriau wedi'u creu i ymladd bacteria.

lafa Craig dawdd sy'n llifo o losgfynydd pan fydd yn ffrwydro.

llif pyroclastig Cwmwl trwchus o greigiau, lludw a nwyon yn llosgi. Mae'n rholio i lawr ochrau rhai llosgfynyddoedd yn gyflym tu hwnt.

maethynnau Y sylweddau mewn bwyd sy'n rhoi maeth.

magma Yr haen o hylif hynod boeth yng nghramen y Ddaear.

marchnad stoc Mae'r rhan fwyaf o gwmnïau mawr yn 'eiddo cyhoeddus'. Felly gall unrhyw un brynu cyfranddaliadau ar y farchnad stoc. I brynu a gwerthu cyfranddaliadau, mae buddsoddwyr yn defnyddio'r cyfnewidfeydd stoc sydd wedi cael eu sefydlu yn y rhan fwyaf o wledydd.

meteoryn Darn o asteroid sy'n dod drwy atmosffêr y Ddaear ac yn taro ar yr wyneb.

morglawdd Clawdd uchel wedi'i godi ar bob ochr afon i'w hatal rhag gorlifo.

monsŵn Gwynt tymhorol yn ne Asia sy'n dod â glawogydd trwm bob blwyddyn.

oson Nwy yn yr atmosffêr sy'n amsugno llawer o'r golau uwchfioled ym mhelydrau'r Haul.

pandemig Epidemig clefyd sy'n ymledu dros y byd i gyd.

pla du Clefyd heintus, wedi'i enwi ar ôl y chwyddiadau du ar groen y dioddefwyr.

platiau Rhannau enfawr o gramen y Byd sy'n symud. Maen nhw'n gorwedd o dan gyfandiroedd a chefnforoedd y Byd.

pŵer niwclear Harneisio ymholltiad niwclear i gynhyrchu trydan.

seismig Yn ymwneud â daeargrynfeydd.

siocdon Newid sydyn yn y gwasgedd aer. Mae'n cael ei achosi gan ffrwydrad, daeargryn neu symudiad anferth fel tirlithriad.

silt Tywod a'r pridd rhydd sy'n cael eu cario gan afonydd a'u dyddodi ar draws gorlifdiroedd.

sylffwr deuocsid Nwy gwenwynig sy'n cael ei gynhyrchu gan danwydd yn llosgi.

tanau gwylltir Tanau mewn tir agored. Yn aml maen nhw wedi'u hachosi gan sychder, mellt neu losgi bwriadol.

tenant Deiliad tŷ neu ffermwr sy'n talu rhent i'r landlord am ddefnyddio'r eiddo neu'r tir.

tornado Gwyntoedd cryfion yn troi ar ffurf twndis neu dwmffat.

trydan dŵr Trydan sy'n cael ei gynhyrchu gan ddŵr yn rhuthro o sianelau'r gronfa i droi tyrbinau mewn gorsaf bŵer.

tsunami Tonnau môr enfawr wedi'u hachosi gan ddaeargrynfeydd neu losgfynyddoedd o dan y môr.

tyrbin Injan fel llafn gwthio (*propeller*) sy'n cael ei droi gan ddŵr, ager, nwy neu wynt i gynhyrchu trydan.

uwchfioled Ymbelydredd peryglus yng ngolau'r Haul. Mae'n cael ei ffiltro gan yr haen oson.

uwchganolbwynt Y man ar wyneb y Ddaear sy'n union uwchben tarddiad daeargryn. Mae'r cryndodau'n ymledu o'r fan yma.

wraniwm Elfen mwynau sy'n cael ei defnyddio i gynhyrchu pŵer niwclear.

y ddarfodedigaeth Clefyd bacteriol sy'n effeithio ar yr ysgyfaint.

ymbelydredd Mae defnyddiau atomig fel wraniwm o hyd mewn cyflwr lle mae'r niwclews yn ymddatod. Felly maen nhw'n gollwng ymbelydredd, sydd yn farwol os cewch chi ormod ohono.

ymholltiad Mewn ffiseg niwclear, hollti'r cydrannau sy'n ffurfio atom i gynhyrchu egni.

Mynegai

A
afonydd 24-25, 60, 61
Affrica 5, 22-23, 28, 48, 53
agennau 31, 60
AIDS *gweler* clefydau
Aifft, yr 48, 49
Alaska 26, 38-39
Almaen, yr 44
Alpau, yr 27, 42-43
asteroidau 58-59, 60, 61
Atlantis 12, 60
atmosffêr 47, 48, 50, 58, 59, 60, 61
    gweler hefyd llygredd, yr atmosffêr
Awstralia 5, 6, 18-19
awyr, trychinebau yn yr awyr 26, 27, 34-35
    damwain Tenerife 34-35

B
bacteria 21, 52-53, 60, 61
    MRSA 52-53
Bangkok 50
Bangladesh 5, 24-25, 50
'booms' 38
Brahmaputra, afon 24
broceriaid stoc 45, 60
bywyd gwyllt 38, 39, 49

C
Canada 4, 14-15
capiau iâ, 47, 48, 50
carbon 41, 60
carbon monocsid 14, 60
Cenhedloedd Unedig, y 23, 50, 56, 61
CFCs 50, 60
Chernobyl 26-27, 30-31
China 5, 24-25
clefydau 5, 20-21, 47, 49, 52-53, 55, 60, 61
    AIDS 53, 60
    clwyf tatws 28, 61
    difftheria 53, 60
    firws Ebola 53
    ffliw 20-21
    malaria 49, 53
    niwmonia 20
    pla du, y 20, 21, 60
    y ddarfodedigaeth 53, 61
clwyf tatws, *gweler* clefydau
cnydau 22, 23, 25, 28, 45, 48, 50
coedwigoedd 18, 19, 40, 47, 48
corwyntoedd 49
Creta 5, 12-13
cwymp eira 42
Cwymp Wall Street 27, 44-45
cyfnewidfa stoc 45, 61
cyfranddaliadau 45, 60
cyfrifiaduron 54
cynhesu byd-eang 47, 48-51, 60

CH
chwyddiant 44, 60

D
daeargrynfeydd 4, 5, 10-11, 13, 56-57, 59, 60, 61
    Kobe 11
    San Francisco 56-57
    Tokyo 5, 10-11
difftheria *gweler* clefydau
dinosoriaid 58, 59
Dirwasgiad Mawr, y 44-45
dirwasgiadau economaidd 27, 44-45
dyfrgwn 38, 39

E
Ebola, firws *gweler* clefydau
ecosystemau 38, 60
Efrog Newydd 26, 45, 50-51
effaith tŷ gwydr 48-51, 59, 60
Eidal, yr 5, 8-9, 27, 42-43
eog 38
epidemig 20-21, 46, 53, 61
pandemig 20-21, 61

Ewrop 5, 20, 21, 31, 42, 48, 49, 54
Exxon Valdez gweler llongau, trychinebau

F
firysau 20, 53, 61
Florida 50

FF
ffawt San Andreas 56, 57
ffawtlinau 11, 56, 57, 60
ffliw *gweler* clefydau

G
Ganges, afon 24
glawogydd, newid ym mhatrwm 48
gorlifdiroedd 24-25, 60, 61
gwrthfiotigau 20, 53, 60, 61

H
hinsawdd 48-49
    gweler hefyd cynhesu byd-eang

I
Indonesia 5, 6-7
Iseldiroedd, yr 50
Iwerddon 27, 28-29

J
Japan 5, 10-11, 13

K
Kiev 31,
Kinshasa 53
Kobe 11
Krakatau *gweler* llosgfynyddoedd
Kuala Lumpur 40

L
lafa 6-7, 60
lefel y môr yn codi 50-51
locustiaid 4, 5, 22-23, 60
Los Angeles 40, 57

LL
llif pyroglastig 8, 61
llifogydd 4, 24-25, 42, 47, 48, 50-51, 60

llosgfynyddoedd 5, 6-9, 60, 61
    Krakatau 5, 6-7
    Pinatubo 6
    Vesuvius 5, 8-9
Lloegr 27, 29
llongau, trychinebau llongau 36-39
    Exxon Valdez 38-39
    Titanic 36-37
Llundain 27, 32-33, 40-41, 51
llygredd 27, 47, 54
    atmosffêr 47, 48, 50, 60
    niwclear 30-31
    olew 26, 27, 38-39
    mwrllwch 27, 40-41
    traffig 40, 54

M
Magma 6, 61
malaria *gweler* clefydau
Malaysia 40
marchnad stoc 45, 61
meddygyniaethau 20, 47, 53, 60
meteorau 47, 58-59, 61
México
Minoaidd, gwareiddiad 12-13, 61
Missouri 4, 16-17
monsŵn 48, 61
môr, lefel y môr yn codi 50-51
morglawdd 25, 60
morfilod 38
Moroco 23
MRSA *gweler* bacteria
mulfrain 38
mwrllwch 27, 40-41

N
New Orleans 49, 50
newyn 22, 25, 28-29, 45, 48
niwmonia *gweler* clefydau
niwl 34-35, 40-41

O
Okushiri, Ynys, 13
olew, damweiniau olew *gweler* llygredd
oson 50, 60, 61

P
pandemig *gweler* epidemig
Paris 48
Parkfield 57
Pinatubo *gweler* llosgfynyddoedd
platiau 11, 56, 57, 60, 61
pla du, y 20, 21, 60
poblogaeth, twf 4, 24, 28, 46, 54-55
Pompeii 5, 8-9
pryfed 22-23, 49, 60
pŵer niwclear 26-27, 30-31, 60, 61

Q
Quebec 14-15

R
Rio de Janeiro 55
Roosevelt, Franklin D. 45

RH
rhagolygon y tywydd 5, 48-49
rheoli traffig awyr 34-35, 54
Rhyfel Byd Cyntaf 20-21, 44

S
salwch ymbelydredd 30
San Andreas, ffawt 56, 57
San Francisco 56-57
Santorini 12
Siberia 58
silt 25, 60, 61
siocdonnau 6, 10, 11, 59, 61
stormydd 4, 5, 14-15, 16-17, 49
stormydd iâ/rhew 14-15
sylffwr deuocsid 41, 61
sychder 45, 60
Sydney 5, 18-19

T
tân 10, 30, 31, 32-33, 34-35, 40, 57, 60
tanau yn y gwylltir 5, 18-19, 59, 60

Tenerife *gweler* awyr, trychinebau yn yr awyr
Thames Barrier 51
Titanic gweler llongau, trychinebau llongau
tirlithriadau 42-43, 61
tlodi 25, 28-29, 44-45, 46, 35
Tokyo 5, 10-11
tornados 4, 16-17, 61
tsunami 6, 12-13, 59, 61
trydan 14, 15, 31, 42, 60, 61
tywydd, rhagolygon 5, 48-49

U
UDA 4, 16-17, 26, 40, 44-45, 49, 50-51, 56-57, 58
Ukrain 27, 30-31
Undeb Sofietaidd, yr 30-31
uwchfioled, golau 50, 61

V
Vaiont, Cronfa 42-43
Vesuvius *gweler* llosgfynyddoedd

W
Wall Street, Cwymp 27, 44-45
wraniwm 30-31, 61

Y
Yangtze, afon 24-25
y Fargen Newydd 45
ymbelydredd 30-31, 61
ymholltiad 31, 61
Yokohama 10

Z
Zaire 53

Cydnabyddiaeth

Dymuna'r cyhoedwyr ddiolch i'r canlynol
am eu cyfraniad i'r llyfr hwn:

Marion Appleton 5*tdd*; **T. James Bayley** 2*tdd*, 19*tch*, 26*gch*, 27*gdd*, 30, 35*tdd*, 36-37*g*, 38*cch*, 40*cch*, 40*cch*, 42*bch*, 53*tdd*, 54*gch*, 56, 2*tdd*; **Julian Baum** 46*t*, 62*tch*; **Stephen Conlin** 7*gch*; **Richard Draper** 3*tch*, 14*c*,17*tdd*, 23*c*, 25*t*, 28*gch*, 31*t*, *c*, 34*t*, 36*tch*, 37*t*, 42*c*, 54*t*, 57*cch*, 59*gdd*, 60*tdd*, 61*tc*, *gch*; **David Farren** 2*gch*, 15, 19*g*, 20*tch*, *gch*, 21*t*, 24-25*g*, 31*t*, *c*, 34*t*, 36*tch*, 37*t*, 42*c*, 54*t*, 57*cch*, 59*gdd*, 60*tdd*, 61*tc*, *gch*; **David Farren** 2*gch*,15, 19*g*, 20*tch*, *gch*, 21*t*, 24-25*g*, 28*tch*, 29, 44*t*, *gdd*, 45*gch*, 55, 64; **Chris Forsey** 4*tch*, 5*gdd*, 59*cdd*; **Nicholas Forder** 7, 13*tdd*; **Haywood Art Group** 60*cch*; **Christian Hook** 3*tdd*, 9*tdd*, 39*tch*; **Michael Johnson** 1, 12-13*g*, 34-35*g*, 43, 50-1; **Maltings Partnership** 6*gdd*, 11*tch*, 47*c*, 60*gc*, 61*gdd*; **Simon Mendez** 3*g*, 8, 10-11*g*, 14*gch*, 16, 18*gch*, 22*g*, 32-33*g*, 33*t*, 38*gdd*, 39*g*, 48*gch*, 49*g*, 53*gc*, 58-59, 62*gdd*, *gch*, 63*g*; **Eric Robson** 40*tch*; **Jon Rogers** 41; **M Taylor** 49*tch*; 63*cdd*.

Diolch hefyd i'r canlynol am ddarparu
deunydd ffotograffig ar gyfer y llyfr hwn:

Tudalen: **4***gch* Planet Earth Pictures; **6***cch* Rex Features/Sia Press; **9***c* Corbis UK/Sean Sexton Collection, cdd Robert Harding Picture Library/Adam Woolfitt; **11***tdd* Rex Reatures/Iwasa; **13***tl* Corbis UK/Reuter; **14***tch* Rex Features/Hojciech Dadej; **17***gdd* Rex Features/Houston Post/Sipa/Michael Boddy; **18***tch* Rex Features/Sipa; **21***gdd* ET Archive/Bibliotheque Nationale; **23***gdd* Fex Features/Blondi; **25***cdd* Popperfoto/Reuters; **26***gdd* Corbis UK; **28***gdd* Still Pictures/Hartmut Schwarzbach; **31***gc* Rex Features; **32***tdd* FirePix International; **35***tch* Popperfoto/UPI; **37***cdd* Mary Evans Picture Library; **38***tdd* Still Pictures/Al Grillo; **40***gch* Popperfoto/JasonReed/Reuters, *gdd* Popperfoto/Mazlan Enjah/Reuter; **42** Popperfoto; **45***cdd* Corbis UK/Bettmann/UPI; **47***tdd* Robert Harding Picture Library; *gdd* Still Pictures/Mark Carwardine; **49***tdd* Tony Stone Images/Cameron Davidson; **51***tdd* Still Pictures/Mark Edwards; **52** Science Photo Library/Dr Kari Lounatmaa; **53***cdd* Popperfoto/Reuters/Corinne Dufka; **55***tl* Still Pictures/John Maier; **56***tch* Popperfoto; **57***br* Science Photo Library/David Parker; **58***tdd* Galaxy Picture Library/David Brown.